セメスターテキストシリーズ 2

はじめて学ぶ人のための
人材マネジメント論入門

伊藤健市・齊藤毅憲・渡辺　峻
［著］

 文眞堂ブックス

■ 著者紹介 （あいうえお順）

伊藤　健市（いとう　けんいち）

関西大学教授＝経営学博士

"楽しい授業
　　役に立つ授業！"

齊藤　毅憲（さいとう　たけのり）

関東学院大学教授
横浜市立大学名誉教授＝商学博士

"自分を生かして、
　　企業・組織も生きる！"

渡辺　峻（わたなべ　たかし）

京都文教大学教授
立命館大学名誉教授＝経営学博士

"生きるために学び
　　学ぶために生きよ！"

■ 表紙デザイン・イラスト　　大江　繁

読者へのメッセージ

　皆さんは、"企業は人なり"という言葉を聞いたことがあるでしょう。パナソニックの創業者である松下幸之助氏は、かつて「松下は人をつくる会社です。あわせて、家電もつくっています」(「人をつくる」とは「育てる」を意味します)との名言を残しました。多くの企業経営者が同じような「ヒトづくり」重視の発言をしています。こうした発言は、企業経営にとって、「ヒト」の存在がなによりも重要であることを示しています。

　企業を経営するには、さまざまな経営資源――ヒト（人的資源）、モノ（物的資源）、カネ（資金的資源）、情報（情報的資源）など――が必要で、こうした資源をうまく組み合わせて経営するのが経営者の役割ですが、その際に「ヒトがもっとも重要な資源である」というのです。かりに性能のよい機械、大量の資本、十分な情報を入手・用意できたとしても、それを使いこなすヒトがいなければ、文字どおり「絵に描いたモチ」でしかありません。

　企業のなかのヒトを扱う学問分野は、経営学においては、「経営労務論」「労務管理論」「人事管理論」などといわれていました。このような科目名は現在でも使われていますが、最近では、「人的資源管理（ヒューマン・リソース・マネジメント）論」を使う大学がふえています。そして、書物のタイトルにも「人的資源管理」や「ヒューマン・リソース・マネジメント」を冠したものが数多くみられるようになってきました。

　しかし、本書のタイトルにはあえて「人材」を用いています。その理由は、人材という言葉が日本語としてより一般なものであり、より理解しやすいと考えてのことです。経営者のなかには、ヒトは大切にとり扱わなければならない貴重な財産であるという意味を込めて「人財」（ヒトは宝）という言葉を使う人もいます。もともと「人材」には「才知ある、役に立つ人物」（広辞苑）という意味が含まれており、「人財」とは同義です。われわれも、「ヒトを大切にする」という点では同じ立場に立っていますが、本書では一般に使われている「人材」の方を用いました。

　かつての経営労務論、労務管理論、人事管理論、最近の人的資源管理論、そして本書の「人材マネジメント論」、それぞれ呼び方は異なっていますが、もっとも大切な経営資源はヒトであり、つまり組織の中にいるヒトをいかに活かすか、という点に焦点を当てていることではすべて共通しています。しかし、かつてはヒトを支配するという意味での「管理」の対象としてみる傾向が強かったように思われます。それは、本書で明らかにしているように、管理者の指揮・命令のもとで、指示されて働く「他律型の働き方」を想定していたからです。

　しかし現代人の働き方については、「自律型の働き方」、つまり働く人びとが自主的・自覚的・自立的・自律的に働くことを想定するものに変わってきています。本書のタイトルである「人材マネジメント論」には、そうした意味も込めています。ヒトは、もはやかつ

読者へのメッセージ

ての「管理」ではなくて、助けたり、支えたりする「サポート（支援）」の対象になっています。その結果として、もっとも重要な経営資源であるヒトの働き方・働かせ方は、近年大きく変化してきました。

　この変化は、これから社会に出て行く読者の皆さんにとって非常に大きな意味をもっています。皆さんの多くは、「人生80年」の約半分を企業などの組織に雇われ、働くことになります。そうであるとするなら、皆さんにとって、いかに生きてゆくのか、いかに働くのか、企業組織がヒトをどのようにとり扱っているのか、などを知ることはもっとも重要な課題になることでしょう。本書は、それらの課題解決のヒントを提供することができると確信しています。

　さて、本書は5つのPart（パート）と合計13のChapter（章）で構成されています。Part 1は、「働く人をいかに募集・採用するのか」を主要テーマに、これに関する3つの章からなっています。Part 2のテーマは、「働く人をいかに動機づけるのか」であり、そこには4つの章が含まれています。Part 3では、「働く人にいかなる態度で接するのか」、つまりリーダーシップの問題をふたつの章でとりあげています。同じくふたつの章からなるPart 4は、「働く人の能力をいかに開発するのか」を扱っています。最後のPart 5のテーマは、「働く人をいかに評価し報いるのか」です。

　これらの5つのPartの内容をコンパクトな言葉で表現すれば、「働く人を雇う」（Part 1）、「働く人のやる気を引き出す」（Part 2）、「働く人にうまく接する」（Part 3）、「働く人を育てる」（Part 4）、「働く人に報いる」（Part 5）ということになります。つまり本書は、働く人を、雇う、やる気を引き出す、うまく接する、育てる、報いる、の5つのコンセプト（考え方）を中心にして「人材マネジメント論」を記述しています。

　各章末には「やってみよう（Let's challenge）」、巻末にグロッサリー（用語解説）、参考資料を配置しています。読者の皆さんには、講義や自習のあとに「やってみよう」に必ず進んでほしいと思っています。「書く」ことで、皆さんの学習が深化し、自己の成長に必ずつながるとわれわれは信じています。なお、本文中の用語に付した＊印は、グロッサリーで用語解説がされているマークです。グロッサリーや巻末資料も参考にすると学習がいっそう進むと思っています。

　なお、各章の「やってみよう」の最後に「知ってトクする法律」のコーナーをつくっています。「法律」は、働く人の人権や立場を守るために規定しています。これについては、雇う側だけでなく、雇われる側もしっかり学習しておく必要があります。働く現場で明らかに不利な状況におかれるとか、物心両面で損害を受けるような場面に出会うかもしれません。そこで、最低限の法律を知っておくことは、そのような場合に、自分を守るための手だてになると思っています。

目　次

　　5　働く場所の多様化　8
　　　　▶やってみよう（Let's challenge）　9

Chapter 2　企業はいかなる人材を雇用したいのか……………13

　　《本章を読むとわかること》　13

　　1　21世紀にもとめられる人材像　13

　　2　「フィジカル・ワーカー」から「ナレッジ・ワーカー」へ　14
　　　　(1)　工業化社会と知識社会　14
　　　　(2)　製品中心からサービス中心へ　14
　　　　(3)　他律型の働き方から自律型の働き方へ　14

　　3　「社会人基礎力」とはなにか　15
　　　　(1)　もとめられる学生時代からの努力　15
　　　　(2)　若者にもとめられる取り組み　16

　　4　エンプロイヤビリティとはなにか　16

　　5　現代版「読み書き算盤」とはなにか　17

　　6　産業界がもとめる「3つの力」とはなにか　17
　　　　▶やってみよう（Let's challenge）　19

Chapter 3　企業はいかなる制度で人材を募集・採用するのか…23

　　《本章を読むとわかること》　23

　　1　多様化する募集・採用の制度　23

　　2　職種別部門別採用とはなにか　24

　　3　勤務地域限定採用とはなにか　26

　　4　コース別採用とはなにか　27
　　　　▶やってみよう（Let's challenge）　29

目　　次

読者へのメッセージ

Part 1　働く人をいかに募集・採用するのか

Chapter 1　企業の雇用形態はいかに多様化しているのか……3

《本章を読むとわかること》 3

1　これまでの日本型雇用システム 3
- (1)　終身雇用 3
- (2)　年功制 3
- (3)　企業別労働組合 4
- (4)　日本型雇用システムの限界 4

2　雇用ポートフォリオの意味 4
- (1)　雇用ポートフォリオの登場 4
- (2)　雇用ポートフォリオの背景 5
- (3)　雇用ポートフォリオの本質 5

3　非正規社員としての働き方 6
- (1)　非正規社員の区分 6
- (2)　直接雇用の非正規社員 6
- (3)　間接雇用の非正規社員 6
- (4)　非正規社員が抱える問題 7

4　働く時間の多様化 7
- (1)　多様化をもたらす制度 7
- (2)　多様化に潜む危険性 8

読者へのメッセージ

　バブル経済が崩壊した1990年代前半以降、わが国企業の人材マネジメントは、すでに触れたように大きく変化しました。われわれは基本を重視しつつ、このような大きな変化を意識しながら本書をつくりあげました。おそらくこれからも日本企業をとり巻く環境は日々変化し、それは人材マネジメントのあり方にも影響を与えていくことでしょう。そこで、皆さんには各種のメディアを駆使して、最新の人材マネジメントの動きを察知してほしいと思います。それは21世紀を生き抜くために重要な学習であり、必要・不可欠なことです。その際、「著者紹介」に載せたわれわれのメッセージを参考にして学習をすすめられることを期待します。

　本書は、『はじめて学ぶ人のための経営学入門』(片岡・齊藤・佐々木・高橋・渡辺著、文眞堂、2008年)につづくセメスターテキストシリーズの第2弾として、刊行しました。本書の内容については多くの方々との議論を念頭に入れて執筆しており、この機会に関係各位に謝意を表明したいと思います。

　終わりになりますが、本書の刊行にあたり、文眞堂の前野弘さん、前野隆さん、前野眞司さんをはじめ、多くの方々のお世話になりました。心からの感謝を申し上げます。

2010年　盛夏

執筆者一同

目　次

Part 2
働く人をいかに動機づけるのか

Chapter 4　働く人の多様な欲求をいかに多様に充足するのか …35

《本章を読むとわかること》 35

1　マズローの見解　35

2　アルダーファーの見解　36

3　ハーズバーグの見解　37

4　マグレガーの見解　38

5　アージリスの見解　39

▶やってみよう（Let's challenge）　41

Chapter 5　働く人の「多様性」をいかに重視するのか …………45

《本章を読むとわかること》 45

1　ダイバーシティ（多様性）の意味　45

　（1）アメリカ発祥のダイバーシティ　45
　（2）日本型ダイバーシティ　45
　（3）ダイバーシティ・マネジメント　46

2　正規社員の活用　46

　（1）専門職としての活用　46
　（2）専門職評価の背景　47
　（3）専門職制度　47

3　女性の活用　47
　　(1)　M字型就労の変化　47
　　(2)　女性活用の問題点　48
　　(3)　女性活用の諸方策　48

4　高齢者の活用　49

5　障がい者の活用　49

6　外国人の活用　50
　　▶やってみよう（Let's challenge）　51

Chapter 6　働く人の「自立性」をいかに重視するのか……55

《本章を読むとわかること》　55

1　個人と企業の関係　55
　　(1)　企業組織をつくる個人　55
　　(2)　目標達成の重視と個の軽視　55

2　日本企業の集団主義的傾向　56
　　(1)　「仕事主義」のアメリカ　56
　　(2)　「集団主義」の日本　56
　　(3)　集団主義の修正　57

3　個人の自立性への期待　57
　　(1)　自立性の意味　57
　　(2)　異質性の許容　58
　　(3)　自己顕示への志向性　58
　　(4)　「コントロールの内的位置」の重要性　58

4　自立性のための人材マネジメント　59
　　(1)　能力開発やキャリア開発との関連性　59
　　(2)　目標管理とQCサークル　59

(3)　社内公募制、FA制度、裁量労働制　60
　　　(4)　コース別雇用管理　60
　　　(5)　自己申告制と資格取得などの支援　60
　　▶やってみよう（*Let's challenge*）　61

Chapter 7　働く人の「社会性」をいかに重視するのか　…………65

　　《本章を読むとわかること》　65

1　新しい人間モデルと人材マネジメント　65

2　職業生活と家庭生活の並立・充実　68

3　職業生活と社会生活の並立・充実　68

4　職業生活と自分生活の並立・充実　69

5　新しい働き方・働かせ方　70

　　▶やってみよう（*Let's challenge*）　71

目　次

Part 3
働く人にいかなる態度で接するのか

Chapter 8　いかなるリーダーが働く人を「やる気」にするのか……77

《本章を読むとわかること》77

1　古典的な議論と現代の議論　77

2　民主的リーダーシップとはなにか　78

3　意思決定過程への参加とモラール　79

4　従業員志向型リーダーシップとはなにか　81

5　リーダーと自己実現人　82

▶やってみよう（Let's challenge）　83

Chapter 9　リーダーはいかに状況に適応するのか……87

《本章を読むとわかること》87

1　リーダーシップのスタイル　87

2　フィードラーの見解　88

3　ハーシィーとブランチャードの見解　89

4　ハウスの見解　91

▶やってみよう（Let's challenge）　93

Part 4
働く人の能力をいかに開発するのか

Chapter 10 「能力開発」にはどのようなプログラムがあるのか…99

《本章を読むとわかること》 99

1 能力開発を重視してきた日本企業 99

2 能力開発のための主なプログラムと方法 99
　（1）主なプログラム　99
　（2）能力開発の3つの方法　100

3 階層別の能力開発 101
　（1）新入社員から中堅社員の能力開発　101
　（2）新任マネジャーの能力開発　101
　（3）自己啓発中心の経営者の能力開発　101

4 部門別職種別の能力開発の意味 102
　（1）スペシャリスト志向の重視　102
　（2）ゼネラリスト志向のジョブ・ローテーション　102

5 テーマ（課題）別の能力開発と経営者の責任 102
　（1）現代的なテーマへの対応　102
　（2）変化に鋭敏さがもとめられる経営者の責任　103

6 経営環境変化のもとでの能力開発 103
　（1）雇用リストラの影響　103
　（2）仕事をとりまく環境の変化　103
　（3）「変化」のもつ意味と対応　104
　▶やってみよう（Let's challenge）　105

Chapter 11　働く人の「キャリア開発」をいかに支援するのか…109

《本章を読むとわかること》　109

1　キャリア開発の重要性　109
(1) キャリアの意味　109
(2) ライフとキャリア　109
(3) 企業まかせのキャリア開発　109
(4) 個人側への力点の移行　110

2　キャリア開発を支える考え方　111
(1) 「キャリア・パス」の整備と能力開発の体系化　111
(2) 「キャリア・ゴール」の明確化　111
(3) 「キャリア・アンカー」の識別　112
(4) 「キャリア・ステージ」の意味　112
(5) 「キャリア・プラトー」への対応　113

3　これからのキャリア開発　114
(1) 個人と企業の双方に求められるキャリア開発志向　114
(2) 学生時代からのスタートを！　114
▶やってみよう (Let's challenge)　115

目　次

Part 5
働く人をいかに評価し報いるのか

Chapter 12　人事評価にはどのような方法があるのか……121

　　《本章を読むとわかること》 121

1　人事評価の意義 121

2　人事評価の体系 122

3　評価者と被評価者 123

4　人事評価の変遷 123
　　(1)　年功的資格制度と人事評価　123
　　(2)　職能資格制度と人事評価　124
　　(3)　職務（役割）等級制度と人事評価　125

5　目標管理と人事評価 126
　　▶やってみよう（Let's challenge） 127

Chapter 13　どのような給与制度が「やる気」を引き出すのか…131

　　《本章を読むとわかること》 131

1　給与の意義 131

2　年功主義と年功給 132
　　(1)　電産型賃金　132
　　(2)　年功主義の意味　132
　　(3)　年功給とその限界　132

3　能力主義と職能給　133

(1)　能力主義　133

(2)　職能給　133

(3)　職能給の限界　134

4　成果主義と多立型の給与　135

(1)　成果主義　135

(2)　多立型の給与　135

▶やってみよう（*Let's challenge*）　137

- ◆ 巻末資料　141
- ◆ グロッサリー（用語解説）　146
- ◆ さらに深く学ぶために　155
- ◆ 索引　156

Part 1

働く人をいかに募集・採用するのか

Chapter 1
企業の雇用形態はいかに多様化しているのか

《本章を読むとわかること》 現在、日本の企業は、創造性・個性豊かな人材が、その能力を十分発揮できるよう、複線型で多様な働き方を提供している。本章を学習すると、働き方（正規社員と非正規社員）、働く時間、働く場所という3つの側面で多様な働き方が登場していることが理解できるようになる。

1 これまでの日本型雇用システム

1950年代から80年代の日本の企業、とくに大企業では、いわゆる日本的経営の「**三種の神器**」と呼ばれる、終身雇用・年功制（年功賃金・年功序列）・企業別労働組合を中核に、**日本型雇用システム**（人材の採用や配置、処遇に関する日本企業独自の仕組み）が構築されていた。

(1) 終身雇用

終身雇用とは、入社してから定年まで同じ会社あるいはその子会社や系列会社などで勤める慣行のことを指している。正規社員の雇用契約は、どのような仕事をするのかを決めずに結ばれているため、社内のあらゆる仕事に就く可能性があった。ある仕事で人手が足りない場合はそこに異動＊するし、また定期的に**人事異動**（ジョブ・ローテーション）を繰り返した。こうした異動は、会社の指揮・命令（人事権）のもと、正規社員の意向に配慮することなく決められていた。しかし、正規社員からすれば、企業が倒産するとか、自身が就業規則＊に触れるような犯罪を起こさない限り、定年まで雇用されることから、精神的に安定して働ける仕組みであった。

(2) 年功制

日本の会社では、雇用する人の仕事をあらかじめ決めずに採用するので、長い間、働く人びとの給与は仕事ではなく学歴や年齢（勤続年数）、あるいは性別で決められていた（**年功賃金**）。このような仕組みは、人事異動でさまざまな仕事を経験させたり、適材適所を行うのに有利であった。そして働く人びとは年齢とともに会社にとって価値ある仕事をして昇進＊し（**年功序列**）、昇給した（**定期昇給**）。もちろん、昇給は人事評価の査定で差がつけられ、部長や課長といった肩書き（ポスト）に就かない

限り、給与は大きく上がらない仕組みであった（**年功主義**、Chapter 13 を参照）。そのような仕組みが働く人びとの間に激しい出世競争を生んでいた。その後、ポストに就かずとも社内の資格（職能資格制度のもとでの資格）が上がれば、つまり昇格*すれば昇給する仕組みが活用されるようになった（**能力主義**、Chapter 13 を参照）。このような方法で、日本の会社は、社内の仕事のすべてができるゼネラリスト*を育てていた。そのため、ほぼ決まった年齢（勤続年数）ごとにステップアップする能力開発を行ってきた。それは、社員からすれば、自分の専門を明確にしない働き方でもあった。

(3) 企業別労働組合

先にみたように、日本の会社では、長い間、給与は学歴や勤続年数で決まっていた。そのため、同じ仕事をしていても人によって給与が違う場合もある。また、別の会社で同じ仕事をしている人と同じ給与にする（同一労働同一賃金）ことは不可能であった。その結果、仕事で給与が決まる欧米の**産業別労働組合***と違い、日本の労働組合は**企業別労働組合***という形をとることとなった。日本の労働組合は、終身雇用を維持するために、経営側と経営危機への対処方法や人事異動を交渉し成果をあげたが、本来の労働条件（給与や労働時間）については、それほど大きな力を発揮したとはいえない。もっとも、**春闘***が企業別労働組合の弱点をカバーする時期もあったが、現在経営側からは「春討（春季の労使討議の場）」とされ、かつての機能は弱まっている。

(4) 日本型雇用システムの限界

「三種の神器」は、（とくに大卒の）大企業の男性正規社員を対象にしたもので、中小企業・零細企業の社員や、大企業で働く女性は正規社員でもその恩恵を受けなかった。当然、パートやアルバイトなどの非正規社員には恩恵はなかった。つまり、1950年代から80年代の日本型雇用システムは、大企業で働く大卒の男性正規社員を典型的なモデルとした仕組みであった。日本型雇用システムは、その後の経営環境の変化、とくにグローバル競争に直面した日本の企業が終身雇用と年功賃金のもとで膨らむ人件費負担を軽減する必要から、その姿を大きく変えてしまった。その結果、企業で働く人びとは、正規社員に加えて、数多くの非正規社員で構成されるようになった。

2 雇用ポートフォリオ

(1) 雇用ポートフォリオの登場

日本経済団体連合会（以下、日本経団連*）は、その報告書『**新時代の「日本的経営」**』（1995年）において、新しい雇用システムを提起した。

そこでは、社員を大きく3つのグループで構成する「**雇用ポートフォリオ**」という

考えが推奨された（11頁の図を参照）。ひとつは、「従来の長期継続雇用という考え方に立って、企業としても働いてほしい、従業員としても働きたい」という「**長期蓄積能力活用型グループ**」である。もうひとつは、「企業の課題解決に専門的熟練・能力をもって応える、必ずしも長期雇用を前提としない」「**高度専門能力活用型グループ**」である。最後のひとつは、企業のもとめる「職務に応じて定型的業務から専門的業務を遂行できる」「**雇用柔軟型グループ**」で、ここには余暇活用型から専門能力活用型まで幅広い社員が含まれている。

(2) 雇用ポートフォリオの背景

雇用ポートフォリオが登場する背景には、働く人びと（社員）の価値観・労働観が多様化するなかで、企業もその社員の生き方（ライフ・スタイル）やニーズに応じて多様な選択肢を提供する必要に迫られたことがあった。それは、多様な個性を確立した社員の主体性を尊重しつつ、それによって会社を活性化させようとするものでもあった。多様な個性を活かすには多様な働き方が必要であるが、どのような働き方を選択するかは個人の自由と自己責任にゆだねられている。

多様な働き方を選択できる会社は、「会社人間」「過労死・過労自殺」などの負のイメージを避けることはできるが、そこには個人の自立（律）性が問われることも事実である。いまや「会社に入れば、すべて会社が面倒をみてくれる時代」は終わろうとしている。働く人にもとめられているのは、自主的・自律的・主体的に判断し、行動することである。具体的には、キャリア・デザイン（Chapter 3 を参照）やキャリア開発（Chapter 11 を参照）、さらにはワーク・ライフ・バランス（Chapter 7 を参照）などに取り組むことである。

(3) 雇用ポートフォリオの本質

長期蓄積能力活用型グループが会社の中核正規社員として終身雇用のもとで働くのにたいし、残りのふたつのグループに区分される社員は必ずしも正規社員でなく、派遣・契約社員など、雇用期間が短期で、「流動化した労働市場」から「必要な時に、必要な人材を、必要な人数だけ採用」（雇用のJIT化）される社員である。つまり、雇用ポートフォリオという考えは、社員構成を会社の都合に応じて自由に変えるものである。それは、1985年に制定された「**男女雇用機会均等法**」のもとで進んだコース別管理（Chapter 11 を参照）、つまり男性は総合職、女性は一般職といった「区分」をさらにおし進め、一般職には非正規社員を充てるという考え方でもあった。この雇用ポートフォリオという考えのもとで非正規社員の数は社会的に著しく増加した。こうした状況に拍車をかけたのは、1985年に制定され、翌86年から施行された

「**労働者派遣法**」であった。

3　非正規社員としての働き方

(1)　非正規社員の区分

多様な人材を活かすには、正規社員を中心とする単線型・画一的な働き方から、複線型・多様化した働き方を提供する必要がある。すなわち正規社員であったとしても複数の働き方が提供されたり、あるいは正規社員以外の多様な働き方を選択できるという多様化である。正規社員の働き方の多様化はChapter 3でとりあげるので、ここでは非正規社員に焦点を絞る。

非正規社員は、会社に**直接雇用**されている社員と、**間接雇用**されている社員に大きく分けられる。直接雇用の中心は、**パートタイマー**（パート）・**アルバイト**、特定の期間だけ働く**期間社員**、**契約社員**などである。一方、間接雇用は、**派遣労働者**、**請負企業労働者**などである。2008年の雇用形態別の割合をみると、男性の80.8％、女性の46.4％が正規社員で、女性の40.3％がパート・アルバイト、3.8％が派遣社員、6.3％が契約社員であった（総務省「労働力調査（詳細結果）」2008年）。

(2)　直接雇用の非正規社員

パートは、家計補助を目的とした女性の働き方で、正規社員を補助する仕事やあまり経験を必要としない仕事に就く場合が多いが、最近では管理的な仕事に就いたり、経験を評価されるようになっている。1993年に制定された「**パートタイム労働法**」（2008年に改正）が女性の戦力化と福祉増進を目的とするなど、その活用を意図した法整備が進んでいる。この法律でいうパートとは、アルバイト、嘱託、契約社員、臨時社員、準社員などで、1週間の所定労働時間が正規社員よりも短い労働者のことである。

アルバイトは、本業とは別に収入を得るための労働である。その典型は学生が学業のかたわらに行うものである。

契約社員は、法的には定義されていないが、有期契約を結び、その有する専門的知識・技能をもって特定の仕事をする社員のことである。契約期間は、原則3年以内、例外的に5年以内と労働基準法（以下、労基法）に規定されている。

(3)　間接雇用の非正規社員

派遣労働者は、「**労働者派遣法**」にもとづいて、派遣元事業所（人材派遣会社）から派遣先企業に派遣された者のことである。それにはふたつのタイプがある。ひとつは、派遣元が派遣労働を希望する労働者を登録しておき、労働者を派遣する際に登録されている者のなかから期間を定めて雇用し派遣を行う「**登録型**」である。もうひと

つは、派遣元に常用労働者として雇用される「**常用雇用型**」である。派遣労働者の多くは登録型で、派遣されてはじめて給与がもらえ、契約更新を繰り返す不安定な働き方である。派遣労働者にたいする指揮・命令は派遣先企業が行い、当然労基法上の義務を負っている。労働者派遣法が制定された当初は、対象業務は13業務に制限されていたが、その後徐々にふえ、最終的には26業務となった（**ポジティブリスト**）。1999年の改正では、港湾運送・建設・警備などの除外業務以外がすべて対象業務となった（**ネガティブリスト**）。そして、2003年の改正で製造現場の業務も対象となり（2007年2月までは派遣受入期間は1年間。同年3月1日以降は3年間）、派遣社員の数はいっきに増大した。この製造業に派遣された人びとが、リーマン・ショック以降問題となっている派遣契約期間満了前に契約を解除する「**派遣切り**」や、派遣契約の更新を拒否する「**雇い止め**」の対象となった。

　請負企業労働者は、派遣労働者と違い、業務を請負った業者の指揮・命令のもとで仕事をする。「偽装請負」とは、請負契約を結びながらも、労働者を請負先の指揮・命令のもとで働かせることをいう。派遣契約では派遣先の労基法上の義務が重いため、それを回避する方法として偽装請負が使われ、社会問題となった。

（4）　非正規社員が抱える問題

　非正規社員は、有期雇用という不安定性、地域最低賃金を基準とした低賃金、能力開発の機会がほとんど提供されない、さらにボーナスや退職金はなく、社会保険・雇用保険を含め福利厚生も提供されないなど、劣悪な雇用条件のもとにおかれている。もちろん有給休暇があるわけでなく、労働組合員の資格もほとんどない。しかも、こうした不安定度・劣悪度は直接雇用よりも間接雇用のほうがより高い。

　非正規社員が、主婦のパートを中心に家計補助的な機能を果たしていた時代にあっては、夫の配偶者控除の対象にならないよう年収を意識的に低く抑える場合が多かった。しかし、現在のように正規社員への道が閉ざされ、やむを得ず長時間パートや複数のパートに就いたり、派遣社員や契約社員として家計を支えなければならない場合、非正規社員が抱える問題の深刻度は、これまで以上に大きなものとなる。

4　働く時間の多様化

（1）　多様化をもたらす制度

　働く時間の多様化は、経済のサービス化や知識社会への対応を目的とした規制緩和によって推進された。これには、「変形労働時間制」、「みなし労働時間制」、「フレックスタイム制」など、いくつかのものがある。

変形労働時間制は、単位となる期間（1ヵ月、1年、1週間）を平均して労働時間が法定労働時間（1日8時間、週40時間）を超えなければ、一部の日・週で法定労働時間を超えても、割増賃金を支給することなく働かせることができる制度である。

みなし労働時間制（裁量労働制）は、実際に働いた時間ではなく、労使協定や労使委員会で決められた時間を1日の労働時間とみなす制度のことである。対象は、事業場外労働（たとえば記事の取材やセールスなど）、専門業務型裁量労働（一定の専門・技術を要する業務）、企画業務型裁量労働（事業の運営に関する企画・立案・調査・分析の業務）の3つである。ただし、裁量労働制はほとんど普及していない。そのため、財界の意を受けた厚生労働省は、2007年にアメリカのホワイトカラー・エグゼンプションをまねて、労働時間規制の適用を除外する「自己管理型労働制」を法制化しようとした。しかし、労働界や世論の反対でそれは実現しなかった。導入されていれば、サービス残業がさらに拡大するところであった。

フレックスタイム制は、1ヵ月あるいは1日の総労働時間数だけを決め、毎日の始業・終業時刻を従業員が自由に選択できる制度である。

(2) 多様化に潜む危険性

以上のような働く時間の多様化の進展は、働く側が私生活上の都合に自分の労働時間を合わせられるというメリットがある。しかし、法定労働時間の短縮や時間外労働の削減を目的とした制度ではないので、時間外労働をふやす恐れが十分ある。

たとえば、成果・業績主義のもとでのみなし労働時間制は、働いた時間よりも成果・業績で評価されるので、1日の労働時間が残業時間を含めて長時間となり、その結果過労死・過労自殺につながる危険性をはらんでいる。

5　働く場所の多様化

働く場所の多様化は近年のIT化の進展で可能となった。場所や時間に制約されることなくパソコンなどITを活用した柔軟な働き方を「**テレワーク**」と呼んでいる。それには在宅勤務型テレワークやSOMO（Small Office Mobile Office）型テレワークなどがある。**在宅勤務**は、ITを活用することで勤務先に出向くことなく、自宅で仕事を行うものである。SOMOとは、モバイル（携帯情報端末機）を活用することで、職場や自宅に加えて外出先・移動中にも仕事を行うものである。

このようなテレワークは、妊娠・育児期の女性や高齢者・障がい者にとって有効な働き方を提供する一方で、日常的に上司の監視のもとで働くわけではないので、過酷な働き方が誰の目にも留まらないという危険性をはらんでいる。

NOTE

〈Chapter 1〉　　　やってみよう（*Let's challenge*）

(1)　本章の講義を聴いてあなたが学習したことを記してみよう。

(2)　以上の内容を5行以内で要約してみよう。

(3)　前記の要約のなかで重要なキーワードは何ですか？　列挙してみよう。

⟨Chapter 1⟩　　　　　　　やってみよう（Let's challenge）

(4) 理解できましたか？　つぎの言葉の意味を記してください。

　① 日本型雇用システム

　② 雇用ポートフォリオ

　③ 非正規社員

(5) 考えてみよう。あなたが考える働き方の多様化とはどのようなものですか。とくにあなたが気になっているものを明らかにしてみよう。

(6) つぎの図表の情報から、どのようなことが言えるか、記してみよう。

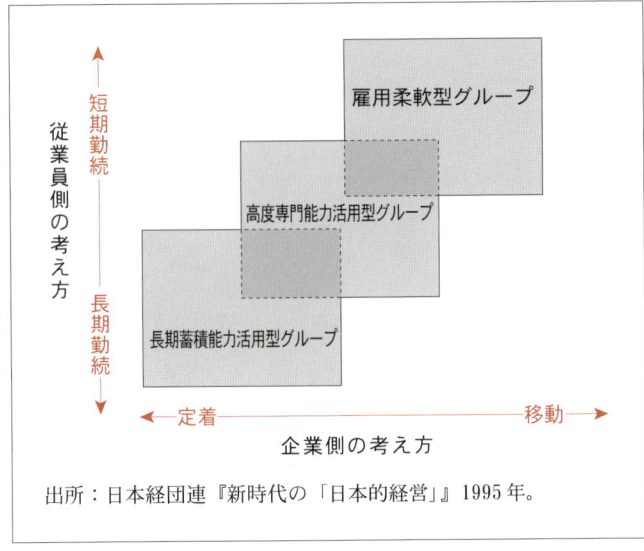

企業・従業員の雇用・勤続にたいする考え方

出所：日本経団連『新時代の「日本的経営」』1995年。

⟨Chapter 1⟩　　　　　　　やってみよう（Let's challenge）

(7) (　　　　　　　　　　　　　　　　　　　　　　　　　　　　　)について調べてみよう。

┌─ 　知ってトクする法律❶ ──────────────┐

「働く権利と義務」とは

　憲法27条1項は、「すべて国民は、勤労の権利を有し、義務を負ふ」としている。前半は「勤労の権利」（労働権）、後半は「勤労の義務」（労働基本権）である。
　勤労の権利は、働く人びとに具体的な権利を保障するものではなく、国にたいするふたつの政策的義務を課している。ひとつは、働く人びとが、自己の能力と適性を活かした就業の機会が得られるような制度を設ける義務である。これには、職業安定法、雇用対策法、職業能力開発促進法、労働者派遣法、障害者雇用促進法、高年齢者雇用安定法などがある。もうひとつは、労働の機会を得ることができなかった者に、所得保障を行う制度を設ける義務で、これには雇用保険がある。
　勤労の義務は、所得保障制度が適用されるにあたっては、働く意思と能力を有していなければならないことを定めている。雇用保険法の適用対象者は、働く意思と能力を有しているにもかかわらず、就業できない状態にあることが認定された者にしか支給されない。
　　　　　　　　　　　　　　　　　　　　　　　　　　　　　　　　（伊藤健市）

└────────────────────────────────────┘

Chapter 2
企業はいかなる人材を雇用したいのか

《本章を読むとわかること》 現代の企業社会の変化のなかで、「ナレッジ・ワーカー（知識労働者）」が求められるようになり、企業で働くための最低限の能力も明確になりつつある。本章を学習すると、社会人基礎力、エンプロイヤビリティ（就職基礎力）、現代版「読み書き算盤（そろばん）」、産業界のもとめる「3つの力」などが不可欠であることが理解できる。

1　21世紀にもとめられる人材像

　現在、産業構造の変化やグローバル競争の激化のもと、経済社会構造が大きく変化している。この変化は、もとめられる人材像にも大きく影響する。それを世界共通の課題として明らかにしたのが、1999年6月にドイツのケルンで開催された先進国首脳会議（サミット）である。このサミットでは史上はじめて教育がテーマとなり、首脳共同宣言（コミュニケ）に、「人びとへの投資」が盛り込まれ、そして「**ケルン憲章**―生涯学習の目的と希望―」が採択された。

　「人びとへの投資」で注目すべきは、つぎのような主張である。つまり、知識重視社会に向かう今日、経済や技術の進歩の実現にとって、基礎教育、職業教育、学位、労働市場でもとめられる技能・知識を向上させ、そのための革新的な思考方法の育成支援は、重要である。これらの支援により、個人は豊かになり、社会的な責任感と参加意識が高まるのである。

　さらに、「ケルン憲章」のなかで、つぎのような注目すべき主張がなされている。つまり、すべての国が直面する課題は、市民が21世紀に必要とされる知識や技能を身につけるか支援する「**学習する社会**」にどのようにして変わっていくかという点にある。それというのも、経済や社会がますます知識にもとづくものとなっているからである。教育と技能は、経済的成功、社会的責任、社会的一体感を実現する上で不可欠である。さらに21世紀は、柔軟性（flexibility）と変化（change）の世紀と定義され**流動性**（mobility）への要請がかつてなく高まる。この流動性を可能にするのは「**教育と生涯学習**」である。それは、政府と民間セクター（企業など）を介して、す

べての人びとに提供され、個人には自助努力がもとめられている。政府はあらゆるレベルでの教育および能力開発のための投資を行い、他方、民間セクターは現役世代だけでなくこれから働くであろう人びとの能力開発を行い、個人には能力および「キャリア（careers）」を企業に依存するのではなく、自己の責任で開発することがもとめられる（Chapter 11 を参照）。

2 「フィジカル・ワーカー」から「ナレッジ・ワーカー」へ

(1) 工業化社会と知識社会

機械設備に多額の資本を必要とする**工業化**（資本集約型）**社会**と違って、人のもつ知識が社会の中核的な資源となる**知識**（知識集約型）**社会**では、人の演じる役割がこれまでの脇役から主役へと変化する。それと同時に、知識社会では、一方で「機会」を得る人びとと、他方で「危機」に直面し、収入を得る見通しも立たない人びとに分かれる可能性が高い。その分岐点は、企業がもとめる高い技能（スキル）レベルを身につけ、それを維持できるかどうかである。それに加えて、知識社会では、工業化社会に特有の機械のスピードに合わせた働き方や、自分よりも上位の管理職など他人の指揮・命令のもとで働くという「他律型の働き方」ではなく、「自律型の働き方」がもとめられる。

(2) 製品中心からサービス中心へ

IT 化で以上の点を考えよう。IT 化の進展はコンピュータの驚異的な性能向上なしには考えられないが、それにともない働き方・働かせ方もまた大きく変化した。かつてコンピュータ業界では、コンピュータというハードウェアが価値を提供する（ハードウェア主体）と考え、その使用方法を伝授することに主眼がおかれていた。

だが現在、ハードウェアを介したサービスが価値を生む（サービス主体）と考え、その活用方法に主眼がおかれている。サービス主体では、「ソリューション・ビジネス*」という言葉が示すように、顧客の抱えている経営課題にいかにハードウェアが貢献できるかを伝授しなければならないし、それを提供する社員がサービスの質を決定することになる。コンピュータの性能にもまして、コンピュータを通して新たなサービスを提供できる社員が重要な存在となっているのである。

(3) 他律型の働き方から自律型の働き方へ

一方、IT 化の進展のもと、働く人びとはコンピュータを介した情報ネットワークのなかで働くことになる。これまでは、階層化された縦型の情報伝達ライン、つまり経営トップ→部長→課長→係長→主任という情報の流れのなかで、たえず自分より上位にいる管理職の指揮・命令のもとで働くのが一般的であった。

NOTE

ところが、社内のイントラネット*やeメールを活用するIT化のもとでの情報ネットワークは、情報の共有化を可能にし、これまでのような垂直的な情報伝達ラインを不要なものにしている。その結果、組織がピラミッド型からフラット型*へと移行すれば、とくに中間管理職の存在意義は低下する。働く人びとは、たとえ組織の末端にいたとしても管理職に頼ることなく、自律的に判断し、意思決定することがもとめられる。それこそが人間本来の働き方であろう。**人間の行動**は、他の動物の本能的な行動と異なり、頭のなかで目的と結果を想定し、自分が描いた方法でその目的を達成し、描いた結果との違いをチェックすることで、つぎの行動に活かす点にある。これを「PDCAのサイクル*」という。

こうした**自律的な人材**は、誰かの指揮・命令のもと、あるいは機械に合わせて他律的に働く「フィジカル・ワーカー（肉体労働者）」ではなく、「ナレッジ・ワーカー（知識労働者）」である。**ナレッジ・ワーカー**は、自身のもつ能力や技能（スキル）を最大限発揮することを目的とする。そのモチベーションは自己実現つまり成長の実感にある。また、そのキャリア・ゴールはスペシャリストであり、専門性の高いプロフェッショナルである。さらに、社内の評価だけでなく、市場価値での評価をもとめるのである。

3 「社会人基礎力」とはなにか

(1) もとめられる学生時代からの努力

21世紀の知識社会では、知識を担い、イノベーションを進め、グローバル化・IT化に対応できるナレッジ・ワーカーがもとめられる。将来こうした人材に育つために修得すべき基礎的な能力を、経済産業省の「社会人基礎力に関する研究会」は「**社会人基礎力**」と名づけている。

社会人基礎力とは、この「研究会」の定義によれば、「職場や地域社会のなかで多様な人びととともに仕事を行っていく上で必要な基礎的な能力」のことである。これは、入社後の社内での能力開発で修得可能な「技術的能力」にたいして「**行動能力**」と位置づけられる。この行動能力を身につけるには学生時代から準備を始めなければならない。なぜなら、この能力は、好みや興味、動機、物事に取り組む姿勢、性格などの人の精神的な側面と関係するもので、簡単に習得できないからである。そこでは、自分の長所を伸ばしつつ、短所を補う日々の努力がもとめられる。

社会人基礎力は、図表2-1に示した3つの主要能力と、それぞれの能力を構成する12の能力要素に細分化される（『社会人基礎力に関する研究会—中間取りまとめ—』2006年1月）。

(2) 若者にもとめられる取り組み

先の「研究会」は、若者にふたつの取り組みをもとめている。すなわち、①社会人基礎力を活かした自己分析や能力アピールの実施、②さまざまな「体験」への積極的な参加、のふたつである。①では、社会人基礎力の枠組みにもとづき、自分の能力や適性の強みや弱みを分析し、それを踏まえた能力開発と自分の強みのアピールがもとめられる。②では、「実体験」や「失敗」を経験し、それを評価するプロセスが大事なことから、インターンシップなどの体験型のプログラムにも参加し、社会人基礎力の枠組みを活用しながら、経験と自己分析を行い、成長することがもとめられている。

図表2-1 社会人基礎力の能力要素

分類	能力要素	内容
前に踏み出す力（アクション）	主体性	物事に進んで取り組む力 例）指示を待つのではなく、自らやるべきことを見つけて積極的に取り組む。
	働きかけ力	他人に働きかけ巻き込む力 例）「やろうじゃないか」と呼びかけ、目的に向かって周囲の人々を動かしていく。
	実行力	目的を設定し確実に行動する力 例）言われたことをやるだけでなく自ら目標を設定し、失敗を恐れず行動に移し、粘り強く取り組む。
考え抜く力（シンキング）	課題発見力	現状を分析し目的や課題を明らかにする力 例）目標に向かって、自ら「ここに問題があり、解決が必要だ」と提案する。
	計画力	課題の解決に向けたプロセスを明らかにし準備する力 例）課題の解決に向けた複数のプロセスを明確にし、「その中で最善のものは何か」を検討し、それに向けた準備をする。
	創造力	新しい価値を生み出す力 例）既存の発想にとらわれず、課題に対して新しい解決方法を考える。
チームで働く力（チームワーク）	発信力	自分の意見をわかりやすく伝える力 例）自分の意見をわかりやすく整理した上で、相手に理解してもらうように的確に伝える。
	傾聴力	相手の意見を丁寧に聴く力 例）相手の話しやすい環境をつくり、適切なタイミングで質問するなど相手の意見を引き出す。
	柔軟性	意見の違いや立場の違いを理解する力 例）自分のルールややり方に固執するのではなく、相手の意見や立場を尊重し理解する。
	情況把握力	自分と周囲の人々や物事との関係性を理解する力 例）チームで仕事をするとき、自分がどのような役割を果たすべきかを理解する。
	規律性	社会のルールや人との約束を守る力 例）状況に応じて、社会のルールに則って自らの発言や行動を適切に律する。
	ストレスコントロール力	ストレスの発生源に対応する力 例）ストレスを感じることがあっても、成長の機会だとポジティブに捉えて肩の力を抜いて対応する。

出所：『社会人基礎力に関する研究会—中間取りまとめ—』2006年1月。

4 エンプロイヤビリティとはなにか

エンプロイヤビリティとは、employ（雇用する）とability（能力）を組み合わせ

た造語で、「雇用されうる能力」と訳される。日本経団連は、他社への移動を可能にする能力（狭義のエンプロイヤビリティ）と現在働いている企業で発揮され、継続的な雇用を可能にする能力（広義のエンプロイヤビリティ）を合わせたものと捉えている（日本経団連『エンプロイヤビリティの確立をめざして』1999年）。

　厚生労働省は、採用に当たって重視される**就職基礎能力**（21頁の図を参照）と個々の能力による採用可能性を2004年にはじめて定量化した。就職基礎能力とは、ここでいうエンプロイヤビリティのことである。

　厚生労働省は、「コミュニケーション能力」、「職業人意識」、「基礎学力」、「資格取得」、「ビジネスマナー」の5つの能力を、比較的短期間の訓練で向上させることができる「**若年者就職基礎能力**」と定義している。そして、それらを習得すれば、事務・営業系の仕事に採用される可能性が66.5％（大卒レベルでは64.5％）になるとしている。

5　現代版「読み書き算盤」とはなにか

　日本語の「読み書き算盤」は、英語では"Three R's"と表記され、"Reading, Writing, Arithmetic"を意味している。日本語でも英語でも、職業生活を送る上で必須の能力やスキルの意味だが、その内容は情報化社会のなかで大きく変わってきている。

　アメリカでは、スキルを「**ハードスキル**」と「**ソフトスキル**」に分けて理解している。ハードスキルとは、目にみえる能力で、英検や日商簿記の級・TOEICの点数などで示される。それと違い、ソフトスキルは目にみえない能力である。

　アメリカのIT系の大企業と教育機関が中心となって設立した「21世紀スキルパートナーシップ」は、21世紀に働く人びとにもとめられる育成すべきソフトスキルとして以下の3つをあげている。それらは、知識社会で生きていくための現代版の「読み書き算盤」である。

①情報・コミュニケーション力（Information and communication skills）：
　情報・メディアリテラシー、コミュニケーション力
②思考・問題解決力（Thinking and problem-solving skills）：
　分析力、問題発見・解決力、創造力
③対人関係力・自己規制力（Interpersonal and self-directional skills）：
　協働力、自己規制力、責任感・協調性、社会的責任

6　産業界がもとめる「3つの力」とはなにか

　日本経団連は、2004年に、産業界がもとめる人材が図表2-2に示す3つの「力」

を備えた人材であることを明らかにした。

「志と心」とは、社会の一員としての規範を備え、物事に使命感をもって取り組める力である。それは、事業活動に必要な誠実さ、信頼を得る人間性、そして倫理観を備え、仕事などを通して社会に貢献しようとする意欲、目標を達成する責任感と志の高さ、果敢に挑戦する意志と情熱、そして物事にたいする好奇心や夢をもつこと、などである。

「行動力」とは、情報の収集、交渉、調整などを通じて困難を克服しながら、目標を達成する力である。ここでいう目標達成には、外国人を含む周りの人びとと議論し理解し合うためのコミュニケーション能力が必要となる。

「知力」とは、深く物事を探究し考え抜く力である。各分野の基礎的な学力に加えて、論理的・戦略的思考力や高い専門性と独創性がもとめられている。

日本経団連によれば、企業が重視するのは「知力」よりも「志と心」「行動力」である。最も重視するのは「相手の意見や質問をきちんと踏まえた上で、自分の意見をわかりやすく述べることができる」（「行動力」）であり、次いで「新しいものに興味をもち積極的に理解し取り入れようとすることができる」（「志と心」）、そして「みずから立てた目標にむけてねばり強く努力した経験をもつ」（「行動力」）が続いている。「知力」で重視されるのは、論理的思考力や独創性である。

そして、さまざまな情報をもとに自分なりに解決策を考え、他人の意見も考慮しながら方向性を決めていく能力は、学生時代の学習や種々の取り組みを通じてつくられる、としている。一方、知識レベルについては、それぞれの企業が望むレベルを満たしていれば、ある程度は、本人の好奇心や向学心次第で入社後高めることも可能である、という。

図表2-2　産業界がもとめる3つの「力」

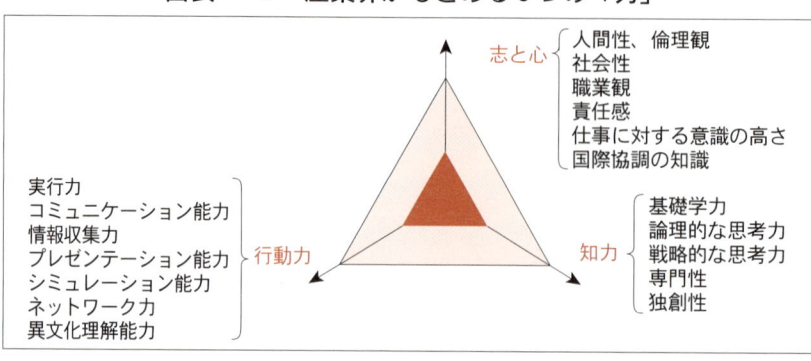

出所：日本経団連『21世紀を生き抜く次世代育成のための提言』2004年。

〈Chapter 2〉 やってみよう（*Let's challenge*）

(1) 本章の講義を聴いてあなたが学習したことを記してみよう。

(2) 以上の内容を5行以内で要約してみよう。

(3) 前記の要約のなかで重要なキーワードは何ですか？ 列挙してみよう。

⟨Chapter 2⟩　　　　　　　　やってみよう（Let's challenge）

(4) 理解できましたか？　つぎの言葉の意味を記してください。

　① ナレッジ・ワーカー

　② 社会人基礎力

　③ 産業界がもとめる「3つの力」

(5) 考えてみよう。あなたの長所は何ですか。それは「社会人基礎力」や「就職基礎力」でも評価されていますか。では、あなたに欠けている能力は何ですか。

(6) つぎの図表の情報から、どのようなことが言えるか、記してみよう。

採用時に重視する能力（複数回答、大学卒レベル）

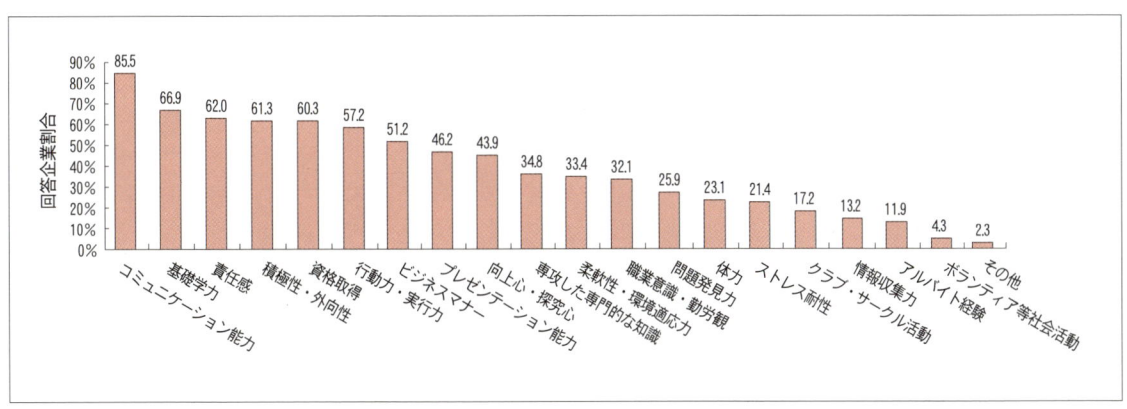

能力	回答企業割合(%)
コミュニケーション能力	85.5
基礎学力	66.9
責任感	62.0
積極性・外向性	61.3
資格取得	60.3
行動力・実行力	57.2
ビジネスマナー	51.2
プレゼンテーション能力	46.2
向上心・探究心	43.9
専攻した専門的な知識	34.8
柔軟性・環境適応力	33.4
職業意識・勤労観	32.1
問題発見力	25.9
体力	23.1
ストレス耐性	21.4
クラブ・サークル活動	17.2
情報収集力	13.2
アルバイト経験	11.9
ボランティア等社会活動	4.3
その他	2.3

出所：厚生労働省「若年者の就職能力に関する実態調査」(2004年)より作成。

⟨Chapter 2⟩　　　　　やってみよう（Let's challenge）

(7) (　　　　　　　　　　　　　　　　　　　　　　　　　)について調べてみよう。

LAW　知ってトクする法律❷

「団結権」、「団体交渉権」、「団体行動権」とは

　憲法27条2項は、経済的に弱い立場にある勤労者を守るため、国にたいして労働条件に関する基準を定める義務を課している。これには、労働基準法、労災保険法、最低賃金法、労働安全衛生法、賃金の支払いの確保等に関する法律などがある。
　憲法28条は、団結権、団体交渉権、団体行動権を保障している。団結権とは、労働条件（賃金・給与、労働時間など）の維持・改善を目的として、勤労者が労働組合を結成し、それに参加し、それを運営していく権利である。つぎに、団体交渉権とは、勤労者が団結し、その代表者を通して使用者（企業、会社など）または使用者団体と団体交渉する権利である。団体交渉を通して労働協約が締結される。最後の団体行動権とは、組合活動と争議行為を指している。争議行為としては、労働組合の行うストライキ、ピケッティング、サボタージュがあり、それが正当であれば刑事上の責任は問われない。なお、「全体の奉仕者」である公務員の争議権は制限されている。　　　　（伊藤健市）

Chapter 3

企業はいかなる制度で人材を募集・採用するのか

《本章を読むとわかること》　近年の募集・採用の特徴は、「どのような人材をいつ何人雇用したいか」という企業側のニーズと、「いつどこでどんな仕事をしたいか」という雇用される側のニーズとの両者を考慮したあり方の普及にある。本章を学習すると、企業社会が変容し労働移動の時代となり、企業側が個人側の自律性・多様性を前提に募集・採用せざるをえず、職種別部門別採用、勤務地域限定採用、コース別採用などが導入されたことが理解できる。

1　多様化する募集・採用の制度

　企業が人材を募集・採用する際の方法は、採用を予定する人材の質・量・時との関連でさまざまである。つまり、どのような能力をもつ人材を、いつの時点において、何人採用すべきか、雇用方針や雇用形態との組み合わせにより募集・採用の方法や制度も多種多様である。

　圧倒的な多数派の正規社員については、さしあたり新卒を直接的に一括採用するが、既卒や「**第二新卒**」もまた直接採用している。それ以外にも、パート、アルバイト、契約社員などの非正規社員も直接採用している。また、派遣会社*より派遣される労働者のように間接的に採用する場合もある。

　そして、採用の時期については、多くの場合は、新卒の春季一括採用であるが、近年では、既卒・第二新卒をはじめ広く多様な人材を、春季に限らず随時に採用する「**通年採用***」「**中途採用***」「**キャリア採用***」も増加している。

　さらに、入社後に従事する職種をあらかじめ限定して採用する場合もあるし、またさまざまな職種を体験させることを前提にした採用もある。勤務地についても、あらかじめ限定したエリア内での勤務を前提にした採用と、全国的な遠隔地転勤を前提にした採用がある。

　このように、近年、**労働市場の流動化**、**雇用形態の多様化**がすすみ、また働く個人の側の職業意識・価値観も多様化するなかで、企業側と個人側の両者のニーズをともに充足させるために、募集・採用の方法もまた多様化している。

図表3-1　企業の採用方法（2005年卒採用で実施した採用方法）

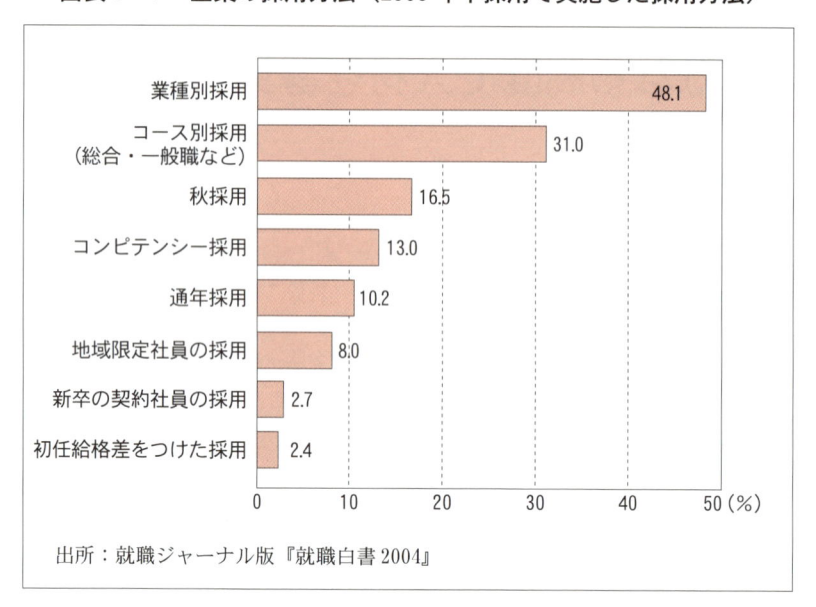

採用方法	%
業種別採用	48.1
コース別採用（総合・一般職など）	31.0
秋採用	16.5
コンピテンシー採用	13.0
通年採用	10.2
地域限定社員の採用	8.0
新卒の契約社員の採用	2.7
初任給格差をつけた採用	2.4

出所：就職ジャーナル版『就職白書2004』

　ここでは、職種別部門別採用、勤務地限定採用、コース別採用など、いくつかの事例をとりあげて、その特徴を把握しておこう。

2　職種別部門別採用とはなにか

　新卒の場合は、一般に、4月入社という春季一括採用をして、採用後にそれぞれの適性や本人の希望を考慮して配属を決めるのが普通であり、それは個人側にさまざまな職種を経験させることを重視した企業の対応である。それにたいして、職種別部門別採用は、入社後に従事する職種あるいは配属する部門をあらかじめ限定し、それを前提にして募集・採用する制度であり、これは個人の側の専門性を重視した企業の対応である。ここでは入社後に、他の職種や部門にシフト（異動）することは原則的にないので、採用されれば「希望した仕事ができる」ことになる。

　ここで「**職種**」とは、事務職の人事、経理、法務、管理、営業、広報、宣伝、企画など、技術職の研究開発、技術開発など、現業職の運輸、保安、店頭販売などの区分である。そして、「**部門**」とは、職種より広義の区分概念であり、職群とみてよい。職種・部門の内容や比重は、業種により大きく異なる。流通業であれば、営業・広告・宣伝などの職種の比重が大きいであろうし、製造業であれば研究開発や技術開発の職種の比重が大きくなる。

　職種別部門別に採用することは、「特定の職種や部門の仕事をしたい」という応募

する個人の側のニーズと、「専門性を重視したい」という募集する企業の側のニーズの両者に応えるものである。ここでは入社後に従事する職種・部門があらかじめ限定されているので、応募する個人の側には、自分の職業能力・専門性・志望動機などのキャリア・デザインが明確であることが要求される。

以下、具体的にいくつかの企業の事例をみておこう。

たとえば、三菱UFJリサーチ＆コンサルティング社では、部門が大きく「政策研究事業本部」と「コンサルティング事業本部」に分かれる。「研究政策事業本部」は、地球温暖化関連分野、地球政策・国土政策分野、公共経営分野、情報通信分野、金融分野より構成される。「コンサルティング事業本部」は、銀行コンサルティング室、革新支援室より構成される。

同社の場合、部門ごとに募集・採用するので、リサーチの各分野を志望する者は前者、コンサルティングを志望する者は後者に分かれて応募するが、それぞれ個人の能力・専門性・適性が重視されるので、ここでも個人の側の**キャリア・デザイン**があらかじめ明確でなければ応募することもできない。

また、日本経済新聞社の場合には、「記者部門」「業務部門」「デジタル部門」の3部門に区分される。「記者部門」は、記事の取材・執筆に従事する一般記者、写真・映像取材の記者、記事の表記チェックなど校閲記者の職種より構成される。「業務部門」は、販売・広告営業、経理・人事総務など管理の職種からなっている。「デジタル部門」は、ウェブサイトの企画・編成・開発、データベースの企画・開発・営業、各種システムづくりの情報技術の職種より構成される。

同社の募集・採用は、この3部門ごとに行うが、応募者の側は異部門の併願ができないので、あらかじめ自分の専門性や能力を見極めてから、応募する部門（および職種）の選択をすることが前提になる。採用する側も応募者の能力・専門性が、予定される職種や部門にマッチングしているかどうかを見極めることが求められる。

上記の「部門別採用」とほぼ同じ内容であるが、日清紡では「事業別採用」を行っている。同社では事業ごとに分社化しており、「繊維」は日清紡テキスタイル社、「自動車用ブレーキ」は日清紡ブレーキ社、「紙製品」は日清紡ペーパープロダクト社、「精密機械」は日清紡メカトロニクス社、「化学品」は日清紡ケミカル社、「新規事業」は日清紡ホールディングス、「エレクトロニクス」は新日本無線社が、それぞれ事業担当している。

そして、日清紡ホールディングスが全体を統括し、採用活動を行い、入社5年後に各社に出向する。したがって、とくに技術系の応募者は、自分の専門性とマッチする

と思う事業を選択して臨むことになる。

　このように職種別部門別採用は、専門性を重視した即戦力型人材を不可欠とする企業で多く取り入れられている。応募する側は、採用されれば即「やりたい仕事」に従事できるが、それだけに職種や部門に相応しい意欲・能力・専門性の有無が、採用試験の際に厳しく問われることになる。

　なお、日本経済新聞社の調査によれば、職種別部門別採用を実施する企業は半数超である、と報告している。すなわち「2011年春入社予定の大卒新社員採用について職種別・部門別採用を実施する企業は、有効回答の53.8％にあたる1,130社あることが分かった。実施企業は製造業の55.5％、非製造業の52.1％だった。実施比率の高かったのは建設業（67.3％）、医薬品（93.3％）など。建築士、薬剤師といった有資格の専門職社員を抱える部門が社内にあることが背景」と報告している（『日本経済新聞』2010年3月15日）。

3　勤務地域限定採用とはなにか

　勤務地域限定採用とは、入社後に勤務する地域をあらかじめ限定しておき、その地域内で勤務することを前提に募集・採用する制度のことである。働く人のなかには、ライフ・プランとの関連から遠隔地など広域転勤が困難で、特定地域内での勤務を希望する者のニーズも高まっているが、それに企業の側が応えるものである。

　地域区分のあり方は、企業規模によりさまざまであり、たとえば国内を、北海道エリア、東北エリア、関東甲信越エリア、北陸東海エリア、関西エリア、中国エリア、四国エリア、九州エリアなど、大きく複数エリアに区分する。あるいは関西地域を、京都、滋賀、大阪、兵庫、奈良、和歌山などの地区に区分する。このように区分の範囲は企業によりさまざまであるが、どの地域の募集・採用であろうとも、入社後の処遇は、基本的に変わりない。

　ただし、この制度は、すべての社員を対象にする場合と、特定の職種に限定して適用する場合があるので、それにより処遇は異なる。また地域限定勤務の期限を定めない場合もある。もっとも、全国的な規模で事業展開する企業では、入社後数年間に限定する場合もある。同じ企業内にあっても、職種によっては、キャリアの経過とともに管理職クラスへの昇進と広域の転勤・異動が避けられないからである。

　たとえば、武田薬品工業では、対象職種と時期を限定した「初任勤務地限定制度」の新卒採用を行っている（同社HP）。同制度では、新卒採用の際に、特定地域での就職を強く希望する者で、MR（医療用医薬品）の職種に限り、希望する勤務地エリアで

の配属・勤務を前提に採用をしている。そして、入社後5年間の異動はなく、5年を目安に人事ローテーションを行う。対象になるのは、北海道、北東北、南東北、甲信越、北陸、中国、四国、北九州、南九州9つのエリアであり、東京・大阪・名古屋など大都市圏は除外している。エリア間における処遇や福利厚生に差異はない。

また、日東電工社は、茨木事業所、東北事業所、関東事業所、豊橋事業所、亀山事業所、滋賀事業所、尾道事業所からなるが、それぞれの地域の事業所において、地域限定採用として新卒採用およびキャリア採用を行っている（同社HP）。

さらに、マックスバリュ九州社では、新卒採用、キャリア採用とは別に、中途採用として「地域限定社員採用」を行っている。同社は、福岡県、佐賀県、長崎県、大分県、熊本県、宮崎県、鹿児島県の7つの地域別事業部から構成され、各地域内での勤務を条件にして中途採用を行っている。採用後は、各地域内で自宅から通勤可能な店舗に勤務する。そこでは、地域内の転勤はありうるが転居がともなうことはない（同社HP）。

なお、日本経済新聞の報道によれば、2011年春入社予定の大卒新社員採用について、「勤務地限定採用は全体の20.6％の企業が実施済みだった。拠点数が多い流通・サービス企業が導入することが多く、非製造業だけでみると回答企業の24.1％だった。業種別では保険（66.7％）、ホテル・旅行（60.0％）、証券（57.7％）などが高かった」としている（前掲の記事）。

4 コース別採用とはなにか

コース別採用とは、コース別雇用管理（複線型雇用管理）を導入している企業が行う採用方法である。コース別雇用管理とは、職務の内容、遠隔地転勤の有無、昇進・昇格の有無など、労働条件・雇用要件の異なるキャリア・コースをあらかじめ複数設定しておき、コース別に募集・採用・配置・処遇する制度である。コースは、一般に、総合職コース、一般職コース、専門職コースなど、2から4つに区分される。

「総合職コース」は、基幹的業務・企画業務などに従事し、原則として転居をともなう遠隔地転勤があり、また管理職への昇進・昇格の可能性もある。

「一般職コース」は、定型的補助業務に従事し、原則として転居のともなう転勤はなく、管理職への昇進・昇格の可能性もない。

「エリア総合職コース」は、総合職に準じる業務に従事し、総合職に準じる昇進・昇格はあるが原則として転居のともなう転勤はなく、準総合職とも呼ばれている。このコースは、女性を対象にすることが暗黙の前提になっている。

「専門職コース」は、昇進昇格も、転勤範囲も、前述の総合職コース、一般職コー

スの中間であり、システムエンジニアなど専門的な特殊技能の持ち主にたいする処遇である。それ以外にも「現業職」などのコースを設定する場合もある。

このようにコース別採用は、異なる労働条件・雇用要件のキャリア・コースをあらかじめ複数設定して募集・採用することが特徴である。つまり応募する側は、自分のキャリア・プランやライフ・プランが明確でなければ、特定コースを選択して応募することもできない。

なお、「総合職コース」には多くの場合に転居をともなう遠隔地転勤が条件づけられているので、この条件をクリアーする自信のない人は、応募の際には、この条件のないコースを選択することを余儀なくされる。かくして、育児、介護などの社会的インフラが不十分なうえに、性別役割分業意識が根強いなかにあって、「仕事と家庭の両立」「長期継続就労」に確信がもてない女性の多くは、「自主的」に一般職コースを選択するように制度的に誘導される。その結果として、コース別雇用管理では「男性は総合職、女性は一般職」という基本構造が再生産されることになる。

このように現在の雇用環境・労働環境・社会環境にあって、コース区分として遠隔地転勤の条件を設定することは、そこに格段の合理的根拠がない限り、**「間接差別***」を生みだす制度となっている。かくして、2007（平成19）年4月施行の改正均等法は、総合職を募集・採用するに当たり、合理的な理由なく転居をともなう遠隔地転勤を要件にすることは、「間接差別」になるとして禁止している。ともあれ過去の均等法の限界や社会的インフラの未整備に関連してコース別雇用管理には「間接差別」を生む制度的な「欠陥」があった。そのために多くの女性たちが総合職コースから排除されてきた。

しかし、コース別雇用管理などにおける「間接差別」を禁止した先の改正均等法がすでに施行されているので、今後は制度・運用の見直しがさらに進展するであろう。なによりも「間接差別」が生じないように「転居のともなう遠隔地転勤の条件」を撤廃し、男女がいずれのコースを選択しても「意欲と能力」が発揮でき、いずれのコースでも各自の成長欲求・自己実現欲求が充足できる仕組み・運用が期待される。なお、一部において一般職コースそのものを廃止して、これまで一般職が担った定型的補助業務を契約社員や派遣労働など非正規雇用に転化する動きもある。

ともあれコース別雇用管理を導入している企業では、コース別採用が行われるので、個人の側は、自分のキャリア・プランやライフ・プラン、人生観・職業意識との関連で、特定コースを選択して応募することになる。したがって、個人の側は応募する時点において、一定のキャリア・プランが明確でなければ、最初のコース選択すらできないことになる。

NOTE

〈Chapter 3〉 やってみよう（*Let's challenge*）

(1) 本章の講義を聴いてあなたが学習したことを記してみよう。

(2) 以上の内容を5行以内で要約してみよう。

(3) 前記の要約のなかで重要なキーワードは何ですか？ 列挙してみよう。

〈Chapter 3〉　　　　　　　やってみよう（Let's challenge）

(4) 理解できましたか？　つぎの言葉の意味を記してください。

① 職種別部門別採用

② 勤務地限定採用

③ コース別採用

(5) 考えてみよう。なぜ、近年において雇用される側の希望や生活事情などを考慮した採用方法が普及しているのであろうか。

(6) つぎの情報から、どのようなことが言えるか、記してみよう。

総合職の応募者に占める採用者の割合

業種・規模		平成20年4月採用予定						内定者に占める女性の割合
		男性			女性			
		応募者数	内定者数	採用割合	応募者数	内定者数	採用割合	
合計		24,340	1,364	5.6	18,998	278	1.5	16.9
業種	建設業	303	80	26.4	36	8	22.2	9.1
	製造業	11,759	320	2.7	9,659	91	0.9	22.1
	卸売・小売業	5,847	386	6.6	7,039	77	1.1	16.6
	金融・保険業	5,103	479	9.4	1,268	79	6.2	14.2
	その他	1,328	99	7.5	996	23	2.3	18.9
規模	5000人以上	4,265	133	3.1	3,268	37	1.1	21.8
	1000人以上5000人未満	17,755	760	4.3	14,603	204	1.4	21.2
	300人以上1000人未満	1,590	184	11.6	941	24	2.6	11.5
	300人未満	730	287	39.3	186	13	7.0	4.3

注：採用時に総合職コースがある企業のうち、男女別応募者数、採用者数の判明している企業について集計したものである。（平成20年4月採用予定71社）
出所：厚生労働省「コース別雇用管理制度の実施・指導等状況」（平成20年12月24日）

⟨Chapter 3⟩　　　　　　　やってみよう（Let's challenge）

(7) (　　　　　　　　　　　　　　　　　　　　　　　　　　　　)について調べてみよう。

🅛🅐🅦　知ってトクする法律❸

人権を守る「労働基準法」

　働く際に最も重要なのは労働条件である。働く人びとは、その労働条件を使用者（企業、会社など）と契約する（労働契約）。契約内容決定の手段としては、法律、労働協約、就業規則などがあり、この法律の中心をなすのが「労働基準法（労基法）」である。労働協約や就業規則は、労基法が定める基準以上の内容をもっていなければならない。使用者が故意に労基法に違反すれば、罰則が科される可能性がある。それを監視しているのが、労働基準監督署である。

　労基法には、働く人びとの人権を守る規定がある。その主なものは、①国籍、信条、社会的身分による差別の禁止（3条）、②男女同一賃金の原則（4条）、③強制労働の禁止（5条）、中間搾取の排除（6条）などである。②に関連する「男女雇用機会均等法」では、配置、昇進、昇格、降格、教育訓練、福利厚生、職種・雇用形態の変更、退職勧奨、定年、解雇、労働契約の更新について男女の差別を禁止している。

（伊藤健市）

Part 2

働く人をいかに動機づけるのか

Chapter 4

働く人の多様な欲求をいかに多様に充足するのか

《本章を読むとわかること》 人間はどのようなときに、やる気が出るのか。この問題を検討するのが、一般にモチベーション論と呼ばれる研究領域である。本章を学習すると、以下のことが理解できる。モチベーション（やる気）とは内面的な欲求を動因とし、目標を誘発因として動機づけの状態になることであり、人間の行動を欲求の満足化過程として把握する。したがって、組織のリーダーにとって組織目標への個人の貢献が同時に各人の欲求充足（とくに成長欲求・自己実現欲求の充足）につながる対応・施策が重視される。

1 マズローの見解

　人間の行動を内面的な欲求から説明する議論は、一般に「**欲求論**」と呼ばれている。そこでは、人間の「行動」は欲求充足のプロセス（満足化過程）とみている。すなわち人間の行動は、欲求（動機）→意思決定（選択）→目標（目的）→行動（活動）→成果（結果）という流れで展開される。この場合の内面的な「欲求」が基本的な動因であり、意思決定（選択）した特定の「目標」を誘発因としてモチベーション（やる気）の状態になる。

　動因としての「欲求」は多種多様であるが、「**欲求の階層性**」を解明し、とくに最高次の自己実現欲求・成長欲求に着目して「**モチベーション（motivation）論**」を展開したのは**マズロー**[*]（Maslow, A. H., 1970）である。マズローによれば人間の欲求は、つぎのような低次欲求から高次欲求への階層性で構成される。

　①**生理的欲求**（physiological needs）── 人間（有機体）の生理的・肉体的欲求、すなわち衣食住の充足をもとめる基本的欲求である。

　②**安全欲求**（safety needs）── 身体的危険・脅威・剥奪から守られたいという安全をもとめる欲求、仕事の保障・保険・安定の欲求である。

　③**社会的欲求**（social needs）── 集団への帰属や友情・愛情をもとめる欲求である。

　④**自我欲求**（egoistic needs）── 他人から尊敬されたいという地位・讃美・評

価をもとめる欲求、自信・自治・独立など自尊の欲求である。

　⑤**自己実現欲求**＊（needs for self-actualization）── 自己の潜在能力の開発・実現、継続的な自己啓発、創造性の発揮など成長欲求である。

　このように人間の欲求は、最も低次な生理的欲求から階層の頂点である自己実現欲求に至るまでの階層性があるという（巻末資料❶参照）。生理的欲求と安全欲求のふたつは、基本的欲求と呼ばれ、他のより高次の欲求の充足の前提になる。

　マズローによれば、欲求に階層性があるから、ある欲求が充足されるまではつぎのより高次の欲求によって個人の行動は動機づけられない。また、各層の欲求はひとたび充足されると、もはや行動の動機づけ要因にはならない。したがって、個人は複数の欲求で同時に動機づけられず、かならずひとつの最も優勢な欲求に支配され行動する。つまり、欲求変化の過程は、「ある欲求→その充足（満足化行動）→より高次欲求→その充足（満足化行動）」のように段階的に進展する。ただし、最高次の自己実現欲求は完全に充足されることはないので、ある程度「充足」されれば、それだけまたいっそうの充足が希求されることになる、という。

　これがマズロー理論のエッセンスであるが、その妥当性は現在のところ支持されていない。「5つの欲求区分」については、①欲求が少なくとも部分的には相互に重なり合い独立していない、②欲求の重要度ランクと階層ランクはかならずしも一致しない、③5つの欲求を独立の欲求因子として抽出できない、などの実証報告がある。

　また、「欲求の階層性」に関して、①高次の欲求ほど満足度は減少するという命題は支持されない、②ある欲求の満足度が増大すると、その欲求の重要度は減少してより高次の欲求の重要度が増大する、という命題も支持されない、との報告がある。

2　アルダーファーの見解

　アルダーファー（Alderfer, C. P., 1972）は、マズロー理論を継承しつつ、いくつかの点を修正して、つぎのように欲求を区分して「ERG 理論」を提唱した。

　①**生存**（Existence：E）**欲求** ── さまざまな形での生存のための物質的・生理的な欲求、飢えや渇きにたいする欲求から、賃金・付加的給付（フリンジ・ベネフィット）、物理的な労働条件に関する欲求に至る。

　②**関係**（Relatedness：R）**欲求** ── 自分にかかわる人びと（家族、上司、同僚、部下、友人、そして敵）との関係に関する欲求である。

　③**成長**（Growth：G）**欲求** ── 自己の能力を開発・活用する欲求、自己とその環境に創造的・生産的な効果を与える欲求である。

NOTE

アルダーファーが、マズローから継承した論点は、①ある欲求の充足は、その欲求の強度を減少させて、より高次の欲求にたいする強度を増大させる、②最高次の欲求の充足には際限がなく、ある程度「充足」されても、その欲求にたいする強度は増大する、という点である。しかしマズローとの相違点は、①アルダーファーのいう3つの欲求は明確に区分でき、重なり合う部分がない、②各レベルの欲求は同時に発現することもありうるので、高次の欲求の出現の前提条件として低次元の欲求の充足を考えていない、③より高次の欲求が満足されない時は、それより低次の欲求にたいする強度が増大する、この3点にある。

3　ハーズバーグの見解

ハーズバーグ*（Herzberg, F., 1966）もまた「欲求論」に依拠して独自のモチベーション論を発展させた。彼はピッツバーグ市内の企業に勤務する203人の会計担当者と技術者にたいする職務態度に関する調査にもとづいて、担当する職務の満足要因と、それが職務の遂行におよぼす影響を分析した。

この調査結果で「良かった」に関連した要因は「**満足要因**」であり、それらは、①達成感、②承認、③仕事そのもの、④責任、⑤昇進、⑥成長など、職務の内容に関するものであった。また、「悪かった」に関連した要因は「**不満足要因**」であり、それらは、①会社の政策と運営、②監督技術、③給与、④対人関係、⑤作業条件など、職務の周辺的な側面に関するものであった（巻末資料❷参照）。

「満足要因」はすべて職務それ自体と関係しており、これらが十分なときは「満足」を生み、従業員のモチベーションを刺激し、勤労意欲が高まり、組織目標の達成に有効的である。だからそれは「**動機づけ要因（motivator）**」と名づけられた。この「動機づけ要因」すなわち「満足要因」は「満足」に作用しても不満足には作用しない。

「不満足要因」はすべて職務の周辺に関係しており、これらの要因が不十分なときは不満足を感じるが、十分であっても不満足を予防するのみで、積極的に満足をもたらさない。それは、ちょうど衛生の不足は病気をひき起こすが、十分であっても健康をもたらさないのと同じである。だからこれは「**衛生要因（hygine factor）**」と名づけられた。この「衛生要因」すなわち「不満足要因」は「不満足」に作用しても満足には作用しない。

このように、「満足要因（満足をもたらす要因）」と「不満足要因（不満足をもたらす要因）」とは、対立的な要因ではなくて、次元の異なる分離した要因である。そこで、真のモチベーションは、興味ある課題を達成しようという従業員の職務にたいす

る自己実現欲求・成長欲求から生まれるのであって、職務の周辺の「衛生要因」からではない。古典的理論では従業員の動機づけをめぐり、賃金による刺激を強調したが（経済人モデル）、それは「衛生要因」に働きかけており、「動機づけ要因」を無視しているため効果的ではない、という。

　かくして、ハーズバーグは担当する職務に「動機づけ要因」を組み込むという職務再設計＊すなわち「**職務充実（job enrichment）**」を提唱する。その原則は、①できるだけ統制を加えない、②個人の責任を増大させる、③完結的なまとまりのある仕事を与える、④職務遂行に自由度を与える、⑤結果を個人にフィードバックする、⑥より困難なタスク（仕事）を与える、⑦専門的なタスクを与える、の7つである。

4　マグレガーの見解

　マグレガー＊（McGregor, D., 1960）は、人間行動とモチベーションについての研究成果にもとづき、個人の自己実現欲求の「充足」を重点において組織目標の達成を追求する**Y理論**を展開した。彼は、個人の欲求充足と組織目標の達成との統合関係をとりあげ、個人の自己実現欲求の充足が同時に組織の目標達成の過程になる仕組みを提起し、それを「Y理論」と呼んだ。それにたいして、組織目標の達成に重点をおいて個人的エネルギーを利用する古典的管理論を「**X理論**」と呼んだ。

「X理論」の人間行動モデルは、つぎのような内容である。

　①普通の人間は、本来的に仕事が嫌いであり、もしできることなら仕事はしたくないと思っている。
　②人間は、仕事嫌いであるから組織目標を達成させるには、人間にたいして強制したり統制したり、方向づけたり脅かさなければならない。
　③普通の人間は、命令されるほうが好きで責任を回避したがり、あまり野心をもたずになによりも安全を望んでいる。

　このようなX理論にもとづく管理は「**アメとムチ（carrot and stick）の管理**」であり、組織目標の達成の観点から、個人にたいして強制、賃金、罰則などの手段により外的強制を課する。それは、低次欲求（生理的欲求や安全欲求）に強く動機づけられる人間（経済人モデル）の場合に有効である。

　それにたいして「Y理論」の人間行動モデルは、つぎのような内容である。
　①働くときの生理的・心理的努力は、遊びや休養のときのように自然である。
　②外的強制と罰則の脅威は、組織目標の達成のために人びとを働かせる唯一の方法ではない。人間は、自分の参加している組織の目標達成のために、自分で方向づけ

し、自分で制御するものである。
　③組織目標の達成への個人の参加の程度は、それを達成して得られる自己実現欲求の満足度に比例している。
　④たいていの人間は、適切な条件があれば、すすんで責任を負うものである。
　⑤たいていの人間は、組織の問題を解くにあたり、かなり高度の想像力、工夫、創造性を発揮する。
　⑥普通の人間の知的能力は、現在ではほんの一部しか活かされていない。
　このようなY理論にもとづく管理は、自己実現欲求の充足と組織目標の達成とを同時に実現する「**統合と自己統制による管理**（management by integration and self-control）」となる。その原理は、個人が組織目標の達成に貢献することが同時に個々人の欲求充足となる「**統合原理**（principle of integration）」である。つまり、信頼と尊敬のある組織風土のなかで、個人は自主的・自発的に努力し、自分で自分を統制できるので、個人の自己実現欲求の充足と組織目標の達成を同時的に実現する仕組みが重要となる。

5　アージリスの見解

　アージリス*（Argyris, C., 1957）は、個人の欲求充足と組織の目標達成との統合を重視するが、組織と個人との双方の変化を主張し、個人中心の思考には批判的である。彼によれば、人間は社会的存在であり、生涯を通じて、目標達成のためにつくられたフォーマル組織と、自然発生的なインフォーマル組織に帰属する。そして人間は個人ではできないが集団であればできる仕事のために組織をつくる。それゆえ、組織は、明確にされた組織目標の達成と、組織を構成する個人の欲求充足の手段として機能しなければならない。

　一般に、個人は未成熟から成熟の状態へと成長発達する。つまり、①受動的行動から能動的行動へ、②他人依存状態から相対的自立状態へ、③単純な行動様式から多様な行動様式へ、④場あたりの浅い関心から複雑で深い関心へ、⑤行動の短期的見通しから長期的見通しへ、⑥従属的地位の甘受から同等または優越的地位の希求へ、⑦自覚の欠如から自覚と自己統制へ、と成長発達する。それゆえ、個人によって欲求レベルも異なり、「7つの次元」のいずれかの成熟度に応じて自分の成長欲求をもとめる、という。

　しかし、現実のフォーマル組織においては、成熟をもとめる個人の成長欲求をかならずしも満足させていない。その原因は、以下のような古典的な組織管理原則により

フォーマル組織がデザインされているからである。

　①タスクの特殊化の原則　──　組織参加者に割り当てられるタスクは、特殊化されることによって組織と管理の能率が向上する。

　②指令系統の原則　──　タスクの諸部分を明確なヒエラルヒー（ピラミッド型の階層）に配列して、上層部が底辺部を指揮・統制すると組織と管理の能率は向上する。

　③指揮の統一の原則　──　リーダーによって計画・指揮される単一同質の活動に、部下が構成する各単位組織がしたがうときに、組織と管理の能率は向上する。

　④統制の範囲の原則　──　リーダーの監督する部下の数は5～6人程度に限定されると組織と管理の能率は向上する。

　このような古典的な組織管理原則は、組織目標の達成のみを重視しており、個人の側の成長欲求を無視している。したがって、そこでの個人は未成熟段階の行動をとることが要求され、成長・発達が阻害される。その結果として、成長・発達をもとめる個人と組織との間に不適合や不一致が生ずる。

　かくして、組織の欲求も個人の欲求も、双方ともに充足されず、逆に組織と個人の双方が相互に相手を傷つける。このような不適合のなかでも個人はさまざまな適応行動をとる。たとえば、組織を去る、空想や攻撃などの防衛規制を働かせる、個人的な欲求不満、無関心、精神的葛藤、ストレスなどである。このように個人の心理的エネルギーは組織目標の達成にマイナスに作用し、その結果、そこに「不健康な組織」をつくりだすことになる。

　アージリスは、「組織の目標達成」と「個人の成長欲求の充足」との対立を統合し、両者の不適合を克服するには、個人と組織の双方に変化が必要であるという。なぜなら、現行の組織原則を即座に撤廃すれば混乱が起きるし、逆に個人の側も適応行動を固定化させているから、組織変革は少しずつ進め、個人と組織を双方ともに望ましい方向に誘導することがもとめられる。

　かくして、組織の側は、個人の成長欲求の満足化過程が同時に組織目標の達成過程となるような政策をとり、組織を個人欲求に適合するように変更し、他方で組織を構成する個人の行動も変更する。そして、個人の側は自己の成長欲求充足のために組織を利用し、逆に組織の側もその目標達成のために個人を利用しながら、両者の統合・融合を推進する必要がある。このように、個人と組織の統合には、双方の欲求をそれぞれががまんできるところで満足しあえるように「混合」することを考え、そのすすむべき変化のプロセスを**「混合モデル*」**として表現した（巻末資料❸参照）。

NOTE

〈Chapter 4〉　やってみよう（*Let's challenge*）

(1)　本章の講義を聴いてあなたが学習したことを記してみよう。

(2)　以上の内容を5行以内で要約してみよう。

(3)　前記の要約のなかで重要なキーワードは何ですか？　列挙してみよう。

⟨Chapter 4⟩　　　　　やってみよう（Let's challenge）

(4) 理解できましたか？　つぎの言葉の意味を記してください。

　　① ERG 理論

　　② 職務充実

　　③ 目標による管理

(5) 考えてみよう。なぜ近年において企業は、働く人びとの多様な欲求を多様に充足するマネジメントをするのであろうか。

(6) つぎの情報から、どのようなことが言えるか、記してみよう。

「おもしろおかしく」（堀場製作所）

「HORIBA の社是は「おもしろおかしく」。この社是には、人生のいちばんよい時期をすごす「会社での日常」を積極的でエキサイティングなものにしてほしいという、前向きな願いが込められています。同じことをするのでも、進んでするのとイヤイヤするのでは大違い。何事もおもしろいと思った方が、おもしろくなるもの。おもしろおかしく仕事ができるのは、本人だけでなく会社にとっても最大の幸福です。」

出所：株式会社 堀場製作所 HP

〈Chapter 4〉　　　　　　　　やってみよう（Let's challenge）

(7) （　　　　　　　　　　　　　　　　　　　　　　　　　）について調べてみよう。

LAW　知ってトクする法律❹

「最低賃金法」の意味

　労働基準法でいう賃金は、「賃金、給料、手当など」（11条）で、月給などのほかに、退職金や賞与（ボーナス）なども含まれている。その額は、「最低賃金法」で設定されている地域別最低賃金や特定最低賃金を上回っていなければならない。さらに、使用者の責任で休業したため働けなかった場合には、平均賃金の6割を請求することができる（26条）。最後に、勤め先が倒産した場合には、労災保険の保険料を財源に、政府が一定の範囲で立て替え払いをする制度もある。
　最低賃金法は、国が賃金の最低額を定め、使用者はその金額以上を支払わねばならないことを定めている。労働組合のある会社では、賃金は労使が自主的に交渉して決定すべきであるが、中小企業や零細企業などで働く人びとやパート・アルバイトは組合に組織されていないため、国が賃金水準の改善をはかるしかない。その際の水準は、生計費、同じような仕事をしている人びとの賃金、使用者の賃金支払い能力の3つを考慮して決定される（3条）。
　　　　　　　　　　　　　　　　　　　　　　　　　　　　　　　　　（伊藤健市）

Chapter 5

働く人の「多様性」をいかに重視するのか

《本章を読むとわかること》　近年、多様な個性・人材を活かすという「ダイバーシティ・マネジメント」が脚光を浴びている。本章を学習すると、これまでの集団的・画一的・単線型に代わって、個人的・個性的・複線型の働き方・働かせ方が必要とされ、大卒の男性正規社員を中核とした画一的な制度・施策から、女性、高齢者、障がい者、外国人に配慮する柔軟で多様化した制度・施策が普及していることが理解できる。

1　ダイバーシティ（多様性）の意味

(1)　アメリカ発祥のダイバーシティ

「**ダイバーシティ**（diversity and inclusion：多様性と受容）」は、民族・人種、肌の色、性別、国籍、障がいの有無、年齢などの外見的な相違（第一次的特徴）だけでなく、宗教、学歴、能力、婚姻状況、性的嗜好など内面的な相違（第二次的特徴）を指す言葉として広く普及している。**ダイバーシティ・マネジメント**とは人間の相違を認め、その異質性・多様な属性から生まれる価値・発想を活かすことで画一性・均質性のもつ限界を打破し、経営環境の変化に迅速かつ柔軟に対応する経営戦略・人事戦略である。

ダイバーシティの発想は、アメリカで生まれ、1990年代以降に重要な概念として定着した。アメリカでは、上記のような相違による差別を種々の法律で禁止している。たとえば、1963年の「男女同一賃金法*」、翌64年の「公民権法*」、67年の「雇用における年齢差別禁止法*」、72年の「雇用機会均等法*」、90年の「障がいをもつアメリカ人法*」などである。アメリカでダイバーシティといった場合、社内にいる**マイノリティ**（少数派）の活用に焦点があわされている。

(2)　日本型ダイバーシティ

日本でダイバーシティといえば、女性、高齢者、障がい者、外国人などの多様な人びとの活用を図ることと理解されている。さらに、個々人のもつ能力や適性などの多様性を活かす意味にも理解されるようになった。**日本経団連**は、『原点回帰：ダイ

バーシティ・マネジメントの方向性』（2002年）のなかで、つぎのように述べている。すなわち、**ダイバーシティ・マネジメント**とは、「『**多様な人材を活かす戦略**』である。従来の企業内や社会におけるスタンダードにとらわれず、多様な属性（性別、年齢、国籍など）や価値・発想を取り入れることで、ビジネス環境の変化に迅速かつ柔軟に対応し、企業の成長と個人のしあわせにつなげようとする戦略」である。日本では、多様性を活かすといった場合、女性や障がい者、高齢者にとくに目が向けられるが、男性を含む全社員がその対象となっている点は注意されねばならない。

(3) ダイバーシティ・マネジメント

「ダイバーシティ・マネジメント」は多様な人材を活かすことだけを目的とするものではない。それを通して、これまでの企業では容認されなかった新しい考え方や価値・意識を受け入れる許容力を企業革新の原動力に変え、不確実性を増す経営環境の変化に迅速かつ柔軟に対応しようとするものである。つまり、異質性・多様性を受け入れることで同質のもつ限界を打ち破り、同質的な発想や価値観を改めて問い直すことを意図しているのである。

ところで、多様な価値観を企業で共有するには、そうした人材を活用する仕組みがなければならない。これまで日本企業は、異なる価値観や発想・能力をもつ異質な人材を十分に活用していたとはいえない。それは、企業内で中核的な位置にあった属性（日本人の大卒男性正規社員）にとって有利な働き方と働かせ方が支配的であったからである。ダイバーシティ・マネジメントは、このような限界を打ち破ることを意図しているのである。

2 正規社員の活用

(1) 専門職としての活用

一般に「**専門職**」とは、高度の専門的知識と技術・技能（スキル）をもち、研究・開発・調査・企画などの役割を演じ、管理職と区別され、原則として部下をもたない人びとである。

「**男女雇用機会均等法**」を機に導入された**総合職**は、**ゼネラリスト**として社内の複数の職種を体験しつつ管理職に就くという、男性用のコースであった。つまり、大卒の男性正規社員にとっては、総合職コースにおいて将来は管理職に昇進するという画一的で単線型しかなかった。もちろん、専門職や**専任職**も用意されていたが、それらは「管理職不適格者」に用意された後ろ向きのコースと受けとめられていた。

だが、近年、企業がゼネラリストではなく**スペシャリスト**や**プロフェッショナル**を

もとめるなかで、専門職が見直されている。なかには、専門職が第一で、その専門職が管理職を兼ねるという事例もみうけられる。

（2） 専門職評価の背景

専門職が評価される背景には、企業経営が「問題発見・解決型のソリューション・ビジネス」へと軸足を移していることがある。製品を売る場合には、製品そのものの善し悪しで決着がつくが、ソリューション・ビジネスでは製品と同時にサービス（システム）を売ることになる。つまり、製品を通して顧客の問題解決を手助けすることが必要となる。サービスの善し悪しを左右するのは、人材の質である。人材の善し悪しによっては、1プラス1が2ではなく3や10になるし、100マイナス1が99ではなく、90や0になる。要するに、プロの人材つまり専門職であってこそ人材とみなされるのである。

（3） 専門職制度

プロの人材としての専門職を育成するには、専門職独自の制度が必要である。管理職には「主任→係長→課長→部長」という職歴上の経路ともいうべきキャリア・パスがあるが、専門職にはそのようなものはない。その意味で、専門職にも管理職に準ずるキャリア・パスが必要である。そこでは、社員の能力向上へのモチベーションを喚起するキャリア・ゴールが設定され、そのゴール（目標）に至るロードマップ（道筋）が提示される必要がある。さらに、プロと認定されるための明確な基準が設定され、社員が自律的にキャリア開発に取り組めるものでなければならない。それには指導者や支援者となる**コーチ***や**メンター***の存在が欠かせない。もちろん、認定は一定期間ごとに更新し、再認定される必要がある。最後に、専門職のキャリア・パスが管理職のそれと比べて大差ない処遇を提供するものでなければならない。

3 女性の活用

（1） M字型就労の変化

日本女性の働き方は、年齢階層別労働力率が**M字型**を示すように、出産育児期である20歳代後半から30歳代に仕事を離れ、子育てが一段落した40歳代に再度仕事に就くのが特徴である。近年、このM字の底が晩婚化・晩産化の影響で右に移動すると同時に、その底も浅くなっている。しかし、第一子出産後も働き続ける女性の比率は約25％（国立社会保障・人口問題研究所「出生動向基本調査」）で長期的に変わっていない。つまり、M字の底が右に移動しているという事実は、結婚せずに働く、あるいは結婚しても子どもをつくらずに働く女性がふえていることを示唆している。育児

休業の取得率は 1992 年の育児・介護休業法以降上昇しているとはいえ、出産・育児が女性の就労継続にとって大きな障壁となっている点は変化していない。

(2) **女性活用の問題点**

一方、モノづくりからサービスを中心とする「サービス産業化」や「産業のソフト化」のなかでは、女性のもつ特徴を活かすことが企業の存続を左右するものとなっている。さらには、少子高齢化のなかで女性労働力のさらなる活用を図らねばならない。それを後押しする「**男女共同参画社会基本法***」など、女性の就労継続を図る法整備も進められている。こうした環境の変化は女性にとって有利である。だが、解決しなければならない最大の問題は男女の給与格差である。この点では、「**同一価値労働同一賃金**」が労働基準法に明記されていない現状を打開しなければならない。日本は **ILO 100 号条約***を批准しているのであるから、これを国内法に反映するのは当然のことである。

つぎに、管理職登用の問題である。管理職に占める女性の割合は大企業を中心に増加し、係長相当職以上の女性管理職がいる企業の割合は、2003 年の 62.5% から 2007 年には 66.6% にふえている。そして、係長相当職以上の管理職全体に占める女性の割合も 5.8% から 6.9% に増大している（厚生労働省「平成 18 年度女性雇用管理基本調査」）。だが、管理的職業従事者に占める女性の割合を国際的にみると依然として低い水準にあり、アメリカ・ドイツ・イギリス・カナダなどの 45% 強に比べて、日本では 9% 弱である（内閣府編『男女共同参画白書』）。この点についての積極的な打開策（ポジティブ・アクション）が必要である。

(3) **女性活用の諸方策**

これまで日本の企業は、女性を男性の基幹業務を補助する**一般職**業務を行うものとして処遇してきた。まずコース別雇用管理の制度やその運用を大きく改善し、彼女らの長期勤続を促すとともに、管理職として処遇すべきである。それには、これらの問題をとり扱う部署を創設し、企業風土の改革をすすめねばならない。この部署は、男女双方の意識改革、経営幹部や管理職への周知徹底、全社的な取り組み（パンフレットの作成、セミナーの開催など）に加えて、女性の**ロール・モデル**や**キャリア・モデル**を設定し、社内報などで紹介しなければならない。そしてなによりも、女性管理職登用の数値目標を設定し、意欲ある女性の計画的育成を図らねばならない。

また、女性が継続就業できるようにするために、退職後の一定期間であれば再度雇用する**再雇用制度**、転居が必要な場合の**勤務地変更制度**、総合職・エリア職から一般職に転向する**職制転向制度**、短時間勤務制、在宅勤務制、所定時間外労働を免除する

制度などが必要である。

4　高齢者の活用

　2006年4月に「**改正高齢者雇用安定法**」が施行された。同法は、①定年の引き上げ、②継続雇用制度の導入（再雇用や勤務延長など）、③定年制の廃止、のいずれかにより年金支給開始年齢までの雇用確保を企業に義務づけた。それを支援するための高年齢雇用継続給付をはじめとする助成制度も実施されている。

　日本の高齢者の労働力人口は、2007年に1,000万人を超え、今後も増加するとみられている。少子高齢化社会のもとで高齢者の活用は、必要不可欠というだけでなく、その経験や技術の伝承などの面からも意義は大きい。

　高齢者の活用は**再雇用制度**が中心となる。高齢者の再雇用は、彼・彼女らのモチベーションを高めるのはもちろん、優秀な人材確保やその勤労意欲の向上につながる効果も持ち合わせている。ただし、再雇用の前提として本人の意思の確認と健康状態のチェックは必須である。意思確認がとれれば再雇用のための研修などを実施する必要があるため、制度の周知も研修も55歳前後から始め、研修ではキャリア・プランのみならず、ライフ・プランの設計などに取り組ませる必要がある。

　多くの企業は、再雇用の上限年齢（多くの場合、厚生年金支給開始年齢）を設けるとともに、1年間の有期雇用契約を締結・更新している。また、勤務形態としては、フルタイム勤務（週5日勤務）とパートタイム勤務（週3日か4日）が設定されるし、勤務時間帯も早朝・午前・午後などライフスタイルに応じて選択でき、定年後の多様な働き方・生き方が可能となるよう柔軟に設計されている。担当職務は、経験・適性・実績を考慮しつつ、本人の意見をも汲み入れて最適な職務が決定される。勤務場所も本人の希望を優先すべきである。企業のなかには、再雇用者を対象とした評価制度を導入し、給与に差をつけているところもある。

　再雇用の課題としては、社内ハローワーク機能の充実、高齢者向きの職域開発、社員のライフ・プランやキャリア・プランの相談窓口の開設、高齢者向けのキャリア開発支援などがあげられる。

5　障がい者の活用

　「障害者雇用促進法」は、社員56人以上の企業に**法定雇用率**（1.8％）以上の障がい者を雇うよう義務づけている。**ノーマライゼーション***を志向する社会の風潮のもと、ハローワークを通じたトライアル雇用やジョブコーチ（職場適応援助者）などの

取り組みも行われている。しかし、ここ数年の民間企業における障がい者の実雇用率は 1.6％前後、達成企業の割合も 45％前後と低調である。2009 年 4 月より、雇用率の算定母数となる社員が、これまでの週所定労働時間 30 時間以上から 20 時間以上の社員となる。これにより、母数がふえることから、雇用率の低下が懸念されている。この問題は、法定雇用率未達成企業に課しているひとり当たり 5 万円の納付金だけでは解決できそうもない。障がい者雇用は、「企業市民」としての**企業の社会的責任**（CSR）であるし、雇用率未達成は**コンプライアンス**（法令遵守）にもとる行為である。経営トップを含む全社規模での意識改革がもとめられる。

一方、**法定雇用率**を超える企業も数多く存在する。そうした企業では、社内に障がい者がいるのは「当たり前」、障がい者を「得手不得手」のある社員と考え、社内にある障がい者向きの仕事を提供するだけで特段の措置を講じていない。そして、障がい者がいる部門のほうが生産性が高いという事例もある。なによりも、障がい者がいることで他人を気遣い、相互に助け合うという気持ちや姿勢を他の社員がもち、職場にチームワーク意識が広がり、それが顧客サービスの向上に直結する。多様な顧客（個客・孤客）に多様なサービスを提供するには、多様な人材の存在が必要である。

6 外国人の活用

企業がグローバル競争を勝ち抜くには、国籍を問わず優秀な人材の確保、能力開発、処遇が必要である。**グローバル競争**は、グローバルな人材獲得競争でもある。日本における外国人の就労は、「出入国管理・難民認定法」の規定により、つぎの四者に限定されている。つまり、①専門的・技術的分野での就労が認められる者、②永住者や定住者など身分にもとづき在留する者、③技能実習などに従事する者、④留学生のアルバイトなど資格外活動に従事する者、である。厚生労働省の「外国人雇用状況の届出」によると、近年、約 48 万人の外国人労働者が 8 万ヵ所弱の事業所で雇用されている。なかでも中国人、ブラジル人が多く、業種別では製造業に従事している者が最も多い。その 70％強は 300 人未満の中小企業で就労している。

日本企業にとり、少子高齢化のもとでの外国人の活用は重要な課題である。近年では、外国人留学生を新卒採用する企業もある。その採用条件は日本人学生と同じであるが、日本語コミュニケーション力や文化適応力など日本人とは違う側面を考慮する必要があろう。外国人労働者のもつ高いキャリア志向などが日本人によい影響を与える事例も数多い。その意味で、企業には、外国人にたいする明確なキャリア・ビジョンの提供と社内の**ダイバーシティ**風土の醸成をすすめることがもとめられている。

⟨Chapter 5⟩ やってみよう（*Let's challenge*）

(1) 本章の講義を聴いてあなたが学習したことを記してみよう。

(2) 以上の内容を5行以内で要約してみよう。

(3) 前記の要約のなかで重要なキーワードは何ですか？ 列挙してみよう。

(4) 理解できましたか？　つぎの言葉の意味を記してください。

　① ダイバーシティ

　② 専門職

　③ Ｍ字型就労

(5) 考えてみよう。あなたの身近にあるダイバーシティ（多様性）とはどのようなものですか。とくにあなたが気になっているものを明らかにしてみよう。

(6) つぎの文章は、女性活用度で高い評価を受けている P&G ジャパンの「行動原則」（言葉遣いは少し変えてある）です。どのような点が高い評価につながっていると考えますか。

- 私たちは、すべての個人を尊重します。
- 会社と個人の利害は分かち難いものです。
- 私たちは、戦略的に重要な仕事を重点的に行います。
- 革新は、私たちの成功の礎です。
- 私たちは、社外の状況を重視します。
- 私たちは、個人の専門能力に価値をおきます。
- 私たちは、最高を目指します。
- 相互協力を信条とします。

⟨Chapter 5⟩　　　　　やってみよう（Let's challenge）

(7) （　　　　　　　　　　　　　　　　　　　　　　　　　　　　）について調べてみよう。

🏛 LAW　知ってトクする法律❺

▼「男女雇用機会均等法」以降の動き

　均等法は、国連の女性差別撤廃条約（1979年採択）を批准するのに必要な国内の条件整備として制定された。「男は仕事、女は家庭」という性別役割分業意識の強いわが国では、男女間に大きな賃金格差があり、女性が管理職に就く機会は制約されていた。その意味で、均等法は大きな期待をもって迎えられ、1997年と2007年に改正・強化されている。

　さらに、1999年には「男女共同参画社会基本法」が施行され、男女が均等の社会の実現には、男女の人権の尊重、社会の制度や慣行への配慮、政策の立案・決定への共同参画、家庭生活における活動と他の活動（仕事生活など）の両立、といったことが必要とされている。

　少子高齢化が進むなか、2005年に「育児介護休業法」が施行された。もちろん男女双方を対象とした法律で、育児休業（原則1年）、介護休業（介護を要する家族一人について93日）を取得できる。残念ながら男性の育児休業の取得率は非常に低いのが現状である。　　　　　（伊藤健市）

Chapter 6

働く人の「自立性」をいかに重視するのか

《本章を読むとわかること》 現代の企業社会において、働く個人の自立性が重視されている。企業が一方的に人材をマネジメントするのではなく、働く人びとの立場も考えてマネジメントすることがもとめられている。本章を学習すると、個人と企業の関係、日本企業の特徴とされてきた集団主義の限界、「個人の自立性」の意味とそのためのマネジメントの方向性、などが理解できるようになる。

1　個人と企業の関係

(1)　企業組織をつくる「個人」

　企業は、働く人の集まりである組織である。つまり、個人が企業という組織をつくっているので、この個人がしっかり仕事を行えば、全体としての**企業組織**の目標達成に役立つこととなる。それは、働く人が企業組織の目標に貢献することを意味している。

　しかし、企業は組織として活動しているので、仕事のできない人がでてくると、担当している職務や作業全体の遂行に影響をおよぼし、ひいては企業の目標達成にマイナスの作用を与えることにもなりかねない。本人は自分の仕事はささいなものと思っているとしても、組織では決してそうではない。組織で行われる仕事は、どんなものでも全体の目標達成にとって不可欠だから行われている。

(2)　目標達成の重視と個の軽視

　企業は「**生活のサポーター**」として、われわれの生活を豊かにしたり、便利にしているが、企業は目標を達成できないと存続（存在し、そして存在し続けること）することがむずかしい。しかし、この目標達成のみが重視される結果として、それに関与して働く人びとの立場が軽視されがちになる。現在の長引く不況のなかで企業間の競争もきびしく、働く人びとへの圧力は以前にも増して高まっている。

　前述したように、企業組織をつくり、支えているのは働く人びとであるが、共通目標を達成するなかで、この個人が無視されたり、軽くとり扱われるおそれがある。そして、企業以外でも、組織にはこのような特徴がある。たとえば、勝利を目標にする

スポーツのチームでは、監督やコーチはようしゃなく選手に練習を強いることになる。ついていけなければ、当然のことながら、脱落する人間もでてくる。さらにいえば、それにきびしい練習のせいで、身体をこわすこともあるだろう。

2 日本企業の集団主義的傾向

(1) 「仕事主義」のアメリカ

　日本の企業における職場は、のちに説明するが、集団主義的な性格をもっていたといわれる。それにたいしてアメリカの場合、企業組織は内容がこまかくきめられた仕事の積み重ねからなっており、働く人には仕事の内容が明確に割りあてられ、当然のことながら、それぞれに適任の人材が選抜され、配置されることになる。

　アメリカ系の外食産業でアルバイト経験をした人ならわかるであろうが、仕事にはマニュアルがあり、この標準化された手順で仕事を行うことがもとめられている。仕事についての科学的な分析を徹底的に行い、それによって作成されたマニュアルにしたがって仕事を遂行しなければならない。そして、自分に割りあてられた仕事を忠実に担当するわけである。

　アメリカ企業では個人の仕事を中心にして、割りあてられた担当部分を自力で遂行することが重要となる。割りあてられた仕事ができなければ解雇されることもあり、まさに個人中心の「**仕事主義**」になっている。

(2) 「集団主義」の日本

　これにたいして日本の企業においては、職場には行うべき仕事の全体が割りあてられるものの、職場の担当者個人にまで、こまかく明示されることはなかった。職場内での仕事は、配属されている人材の経験や特徴をふまえて柔軟に配分されてきた。仕事の配分・担当はアメリカ型の個人ベースではなく、職場（またはチーム）ベースであり、これが「**集団主義**」といわれる理由である。日本企業の場合、個人ではなく、職場という集団が基礎となっている。

　別のいい方をすると、個人の仕事は明確に割りあてられるのではなく、どちらかというとあいまいであり、職場の状況に応じて組みかえられたり、変更されることがある。また、職場のなかで仕事の遂行能力が低い人がいるとか、多忙な人がいる場合には、自分の仕事でなくても応援することが行われてきた。職場の仲間が困っていれば、それをサポートするのは、職場をベースとする日本企業の仕事のやり方であった。

　職場は仕事を行う場であるが、働く人びとの間の人間関係やチームワークを大切に

したいという考え方が、日本の企業においては強かった。日本の職場では、ともに仕事をしている人との関係つまり「和*」を維持することは、終身雇用といった長期で安定的な雇用制度のもとでは不可欠であった。

(3) 集団主義の修正

しかし、長い間日本企業の特徴とされた集団主義も近年では修正を余儀なくされている。個人中心の「仕事主義」のやり方に完全に変えることはできないものの、この考え方をとる動きがみられている。職場の「和」は大切であるが、仕事の遂行こそが企業目標の達成に不可欠であり、そのため仕事主義の比重が高まってきている。

このような動向のなかで、これまでの能力主義の人事に代わり、バブル経済が崩壊した1990年代以降、「成果主義」が重視されるようになっている。具体的な成果、つまり業績を個人ベースであげることがもとめられ、この業績は報酬の支払いと直接結びつけられた。しかも、かつてのように、長期的な視点から働く人の仕事ぶりを評価することが行われなくなってしまった。

成果主義人事の採用により、職場では「和」の雰囲気は崩れ、働く人は自己中心的になり、自分の成果だけを短期的にあげることに注力することになった。このような事例は成果主義人事のいきすぎであり、反省の空気も生まれたが、割りあてられた仕事の遂行が重要なことに変わりはない。いきすぎた個人中心の「仕事主義」には問題もあるが、個々人に割りあてられた仕事を自律的に行うことは重要である。

3 個人の自立性への期待

(1) 自立性の意味

長い間、日本企業にみられた、働く人びとの間の人間関係やチームワークを大切にするという考え方は大切である。しかし、成熟した人間であるならば、他人に甘えたり、言い訳をすることは仕事の場ではさけなければならない。

新人の頃、一時的に仲間のサポートを得るとしても、仕事を学習して、できるだけ早く遂行できるようになる必要がある。仕事を行い、その見返りとして給料などの報酬を得ており、その報酬によって生活を支えているのであるから、個人の**自立性**は、まずは自分の仕事を自律的にできることから得られるものなのである。

したがって、自律的に仕事ができなければ、できるようにしなければならない。また、現在は心配なくても将来、仕事ができなくなるという「仕事上の無能*」に陥らないように、たえず自己啓発に努める必要がある。企業では仕事の遂行が基本なので、個人の自立性はこの仕事の遂行にかかわっている（150頁も参照）。

(2) 異質性の許容

かつての**集団主義**においては職場には友好的な人間関係がつくりあげられていた。そのためには、比較的同じような思考や行動などをとる人間が集まっていることが大切であった。それは「同質性」という言葉で表現されるが、悪い表現をすると「皆な同じ」や「金太郎飴」（どこを切っても金太郎の顔がでる）のようになっていた。

そこでは、自分たちとは違う考え方や行動などをとる人間は"対立を生み出す"とか、"やりづらい"ということで、歓迎されなかった。そして、「**異質性***」や異なるものは拒否され、受容されなかった。しかも、自分たちと異なる程度が高いほど受容されなかったのである。これが集団主義のかかえる問題点でもあった。

現代のグローバル化した時代は、明らかに「同質性」よりも「異質性」によって特徴づけられている。企業は考え方や行動などが異なる人びとの集まりであることを意識し、互いに違いを尊重しながら仕事を行っていくという姿勢が必要である。この違いを許容できることが、自立性の前提になる。そして、よくいわれるように、対立をおそれない「異質性」を文化（カルチャー）とする職場や企業では、イノベーション（革新）が生まれることであろう。

(3) 自己顕示への志向性

自己顕示とは、自分を目立たせることであり、長い間、日本企業では、この欲求が強い人はあまりいいイメージでみられてこなかった。「**出る杭は打たれる**」という言葉があるように、"強い個"の発揮は、その人間だけが目立つために、集団主義のもとでは好ましいものではなかった。

そこで、集団主義では"弱い個"があたり前のこととなり、自己主張があったとしても、強く主張することは少なかった。仕事はやるが、強い個を出すような自己主張はせずに、組織全体のなかに自分を埋没させていた。

しかし、個人の自立性の時代が到来し、"強い個"がもとめられ、「出る杭を活かす」とか「出る杭を伸ばす」ことが企業側の任務になっている。考えはもっていても、それをはっきり表明しないことは、企業にダメージを与えることになる。職場で対立が生まれることを心配しすぎたり、やりづらい人間と思われたくないということで、ものを言わないのは、個人の自立性の欠如を示している。

(4) 「コントロールの内的位置」の重要性

アメリカの起業家*研究のキーワードのひとつが、「**コントロールの内的位置（internal locus of control）**」である。それは、自分の将来については、おおむね自分の力でコントロール（統制）できると考える人間のことであり、自力で未来を前向き

に切り拓いていけるというアクティブな志向性を示している。

これにたいして、外的（external）位置の強い人間は、運命、チャンス、幸運などといった自分の力を越える環境要因が存在していると信じる人間のことであり、この外的な要因によって自分の未来が決められると考える。

起業するのは、この内的位置の強い人間であると主張されている。個人の自立性とは、この内的位置の強い人間に備わった資質である。企業に雇用されずに、みずから会社をつくり、これを経営する人間にこそ自立性の発露をみることができる。

しかし、現代の企業にとって企業内で働いていても、このような個人の自立性は必要であり、「外的位置の強い人間」だけの集まりであると、企業の将来はあやういといわざるをえない。要するに、起業家的な「内的位置の強い人間」は、雇用されて働く場合にも必要になっている。

4 自立性のための人材マネジメント

(1) 能力開発やキャリア開発との関連性

このような働く個人の自立性を重視する考え方は、仕事のやり方だけでなく、のちに述べる能力開発（Chapter 10）やキャリア開発（Chapter 11）にかかわるマネジメントにも反映されている。それは、企業中心のマネジメントから、働く人の自立性を尊重するマネジメントに変わりつつあることを示している。

たとえば、能力開発やキャリア開発では、かつては"訓練"（トレーニング、training）とか、"教えこむ"（ティーチング、teaching）という考えかたが強かったが、近年では"開発"とか"伸ばす"（ディベロップメント、development）に方向が変わってきた。そして、**コーチング**（coaching、コーチする）や**メンター**（mentor、支援者）などのように、働く人への助言やサポートを重視するマネジメントが行われている（149頁参照）。

(2) 目標管理とQCサークル

目標管理（management by objective、MBO）とは、職場で働く人間が自分の担当する仕事の達成目標を上司の支援をうけながらみずから設定し、その目標の達成に向けて活動を展開し、どのくらい目標が達成できたかを自己評価するマネジメントであり、働く個人の自立性を前提としている。かつては、上司からいわれた仕事を行い、評価も上司が行っていた。

そして、**QCサークル**（quality control circle）とは、同じ職場内で働く人びとが継続的に職場や製品・サービスの改善を検討・提案する自主的なグループ活動であ

る。それは、日本企業の特徴であり、相互啓発の場になってきた。このQC活動により、現場の品質管理が徹底したが、ここでも個人の自立性が前提になっている。

（3） 社内公募制、FA制度、裁量労働制

新規に必要な人材は外部から調達するのが一般的であるが、社内に人材を求めるのが**社内公募制**である。それは求人型であり、社内にも適材がいる可能性があり、しかも社内の人材を動機づけ、活用するために公募をかける。社内ベンチャーやビッグ・プロジェクトなどの社内での担当者さがしが、その事例となる。

FA制度*とは「フリーエージェント（free agent）」の略称であるが、企業に雇用されずに独立して、企業から仕事を請負って働く方法である。なお、社内FA制度も普及しているが、これは求職型で、各人が自己の経験やスキルをみずから社内で公表し、それに関心をもった部門がその人間にアプローチをするものである。

そして、**裁量労働制**とは、研究開発、ITや企画などの専門的業務については、上司による労働時間の管理が困難であるため、成果を達成することを前提にそれらの業務の遂行についている本人の裁量、つまり本人の考えで決めていいこと、になっている（Chapter 1の4を参照）。

もっとも、企業側が関与しないので、残業代は支払われない。工場や店舗などでは労働時間を決めて働いているが、オフィスなどでは、このような働き方が増加している。

（4） コース別雇用管理

コース別雇用管理とは、仕事や労働条件を分類して設定したコースを採用時に選択させ、コースごとに異なる人材マネジメントを行うものである。コースとしてよく知られているのが「**総合職**」と「**一般職**」であり、前者はマネジャー候補のコースであり、後者は現場（工場、オフィス、営業など）で働く人びとを対象としたコースである。このほかに「**専門職**」のコースがある（Chapter 5の2を参照）。そして、コースによって異なる能力開発やキャリア開発などがみられる。

（5） 自己申告制と資格取得などの支援

能力開発やキャリア開発の支援という観点からみると、自己申告制も大切である。各個人は自分のキャリア上の希望や目標を明らかにし、これから従事したい仕事や人事異動のねがいを上司や人事の担当者に申告するのが、自己申告制であり、それはジョブ・ローテーション（配置転換、人事異動）の参考にすることになる。また、そのようなキャリア上の希望や目標に資格取得が含まれているのであれば、企業はその取得を実現できるように支援すべきである。

NOTE

〈Chapter 6〉 やってみよう（*Let's challenge*）

(1) 本章の講義を聴いてあなたが学習したことを記してみよう。

(2) 以上の内容を5行以内で要約してみよう。

(3) 前記の要約のなかで、重要なキーワードは何ですか？　列挙してみよう。

〈Chapter 6〉　　　　　　　やってみよう（Let's challenge）

(4) 理解できましたか？　つぎの言葉の意味を記してください。

　① 集団主義

　② 異質性の許容

　③ コントロールの内的位置

(5) 考えてみよう。FA制度とはどのようなものか、をできれば具体例をあげて明らかにしてみよう。

(6) トリンプ・インターナショナル・ジャパンの社長であった吉越浩一郎さんの文章の一部(『朝日新聞』2010年3月31日)を読んで、感じたことを書いてみよう。

　私がすべてのビジネスパーソンに勧めるのは、「将来独立することを目標において、日々の仕事をする」ということだ。独立を目標にすれば貪欲的に物事を習い、吸収していくので、成長が早い。結果的にその会社で出世して楽しくやれるなら、それも万々歳だ。独立か残留か、将来自分の意思で選べるように、自分の限界を絶えず伸ばしていくことが大切なのだ。
　従来の日本企業では、大半のビジネスパーソンが「社内の価値観に適応し、定年まで大過なく勤め上げる」ことを目標としてきた。それが最も安全な生き方だったからだ。だが今は、どんな大企業でも10年後、20年後にどうなっているか分からない。会社の外でも通用する普遍的な価値を身につけ、組織の枠に左右されない体質になることが求められている。
　受け身で気配りするだけが取りえの「草食系」では生き延びられない。変化の時代に求められるのは、自分の意思を持ち、果敢に挑戦する「肉食系」の姿勢だ。野蛮に、タフになるべきだ。
　そのためには、逆説的に聞こえるかもしれないが、まずは「今いる会社」という枠に徹底的にはまってみることだ。優秀な上司や先輩を見つけ、その技を盗む。優秀ではない上司に配属されても、その下で積極的に働く。

〈Chapter 6〉　　　　　　　　やってみよう（Let's challenge）

(7)　(　　　　　　　　　　　　　　　　　　　　　　　　)について調べてみよう。

> **LAW　知ってトクする法律❻**
>
> **労働時間と「サービス残業」問題**
>
> 　法定労働時間は1週40時間、1日8時間が上限であり、使用者がこれ以上働かせれば（時間外労働をさせれば）割増賃金を支払わねばならない。時間外労働は、非常時を除き、過半数代表（多くの場合は労働組合）との間で三六協定を締結することと、労働基準監督署長への届出が義務づけられている。以上ふたつの義務を無視した時間外労働は「サービス残業」と呼ばれ、労基法違反として厳しく取り締まられるべきものである。なお、管理監督者や監視・断続的労働従事者には、こうした労働時間に関する規制は適用されない。この点は、「名ばかり管理職」事件として大きくとりあげられ、複数の企業で残業手当を支払わされる結果となった。
>
> 　労働時間に関して、法定労働時間に関する原則の例外として、変形労働時間制とフレックスタイム制が認められている。また、労働時間の算定方式に関しても、みなし労働時間制が規定されている（Chapter 1を参照）。
>
> 　　　　　　　　　　　　　　　　　　　　　　　　　　　　　　　　　　（伊藤健市）

Chapter 7
働く人の「社会性」をいかに重視するのか

《本章を読むとわかること》 現代の企業社会において、個人の自己実現欲求・成長欲求の舞台は拡張し、職業生活のみならず、家庭生活・社会生活・自分生活にまでおよんでいる。したがって、企業も、その対応を大きく変えている。本章を学習すると、以下のことが理解できる。個人は「会社人間」ではなくて、「4つの生活の並立・充実」に動機づけられる人間として登場しているので、人材マネジメントのあり方も大きく変容している。

1　新しい人間モデルと人材マネジメント

　人材マネジメント論の通説によれば、企業が個人を統合して組織目的に貢献（労働）させるには、なによりも個人の側の欲求を見極め、個人が組織に参加・貢献することが同時に個々人の欲求充足となる仕組み・システムをつくればよいという。

　その根底には、人間の行動は欲求充足のプロセスである、という「欲求論」の見方がある。つまり、個人の動機づけ要因（動因）は内発的な欲求にあり、目標を誘発因として行動が具体化される、という見方である。この見方では、組織のなかの個人の欲求充足（動機の満足）のプロセスが、同時に組織目標の達成への貢献となることが重要となる。それは、「**有効性**（組織目標の達成）と**能率**（個人の欲求充足）」の統一、統合、同時的実現の追及である。それが現代の人材マネジメント論の基本的なパラダイム（考え方）であり、実践的には管理職やマネジャーの基本的な職務である。

　かつて組織目標の達成のみを重視して個人の側の自立性・多様性・社会性を無視して、画一的に滅私奉公や自己犠牲を要求する古典的な考え方もあった。しかし、その後、組織目標の達成と個人の動機満足の同時的実現を追及する考え方に移行した。そして、今日では、むしろ個人の側の動機満足・自己実現を通じて組織目標の達成をめざすというように考え方が大きく変遷してきた（個人重視の組織論）。このような軸足の置き方の推移は、基本的には動機づけ要因（内発的な欲求）の異なる人間モデルの登場と変遷の歴史を反映している。

　1900年代初頭に登場した古典的な考え方は、**経済人・機械人・他律人モデル**を前

提にした人材マネジメントである。**テイラー**（Taylor, F. W.）など古典学派の理論がその典型であり、そこで措定された人間モデルは、主として生存欲求・経済的欲求に動機づけられ、細分化された労働を機械のように遂行する存在であった。

したがって、人材マネジメントとしては、人間を物的・生物的存在として機械や牛馬のように扱い、主として金銭で動機づける仕組みが展開された。歴史的にはテイラーシステム、フォードシステムなどにおいて具現化し、チャップリン主演の映画『モダンタイムズ』の世界は、その風刺戯画である。

その後、おおむね1940年代以降に登場した新しい考え方は、**社会人・集団人モデル**を前提にした人材マネジメントであり、**メイヨー**（Mayo, G. E.）、**レスリスバーガー**（Roethlisberger, F.）などの人間行動学派の理論がその典型である。そこで措定された人間モデルは、主として関係欲求・社会的欲求に動機づけられる社会的存在であった。したがって、人材マネジメントとしては、社会集団に作用する非論理的な気分・感情を利用することで動機づける仕組み・制度が開発された。具体的には、モラール・サーヴェイ（従業員態度調査）、パーソナル・カウンセリング（人事相談制度）、サジェション・システム（提案制度）、ジュニア・ボード（青年重役会）などの一連の**HR（人間関係）技法**として登場し、それらは1950年代以降、広く企業に浸透した。

さらに、1960年代以降に登場した考え方は、**自律人・自己実現人モデル**を前提にした人材マネジメントである。その根底にある基本パラダイムは、企業組織の存続・発展には、すでに述べた組織目標の達成と個人の欲求充足との同時的実現が不可欠というバーナード*（Barnard, C. I.）や**サイモン***（Simon, H. A.）などの新しい組織論である。そして、この組織論を基礎にした、マズロー、マグレガー、ハーズバーグ、アージリスなどの主張が、自己実現人モデル論の典型である（Chapter 4を参照）。

そこでは、個人の欲求のなかでも、とくに成長欲求・自己実現欲求を重視して、主にリーダーシップやモチベーションのあり方、さらに「組織と個人の関係性」が明示された。そこで措定された人間は、主として成長欲求・自己実現欲求に動機づけられ、自己の価値観・人生観に即して自主的・自立的に意思決定し、行動する、という自律人・自己実現人モデルであった。

したがって、人材マネジメントとしては、個人の側の成長欲求・自己実現欲求および自主性・自立性を重視し、主として生きがい・働きがいのある職務を提供することで個人を動機づけ、協働意欲・組織貢献を獲得しようとする。つまり、個々人が組織目標の達成に貢献することが、同時に個人の成長欲求・自己実現欲求の充足になる仕

NOTE

組み・制度を構築し、それを通じて個々人のモラールを刺激し、モチベーションを高め、全体として組織の目標達成に個人を統合する考え方である。このような考え方の人材マネジメント（制度・施策・取り組み）は、自己実現人が多数輩出される高度に発達した資本主義国や、個人の自主性・自立性が不可欠の前提となる政治的民主主義の成熟した国では、広く支持・受容されている。

さらに、近年になり、自律人・自己実現人の欲求充足の舞台の拡張・拡大に応じて、そこに「**社会化した自己実現人***」**モデル**というべき人材が多数輩出されている。つまり、企業社会の成熟とともに、個人の側の生きがい・やりがい（自己実現欲求・成長欲求）の舞台は、職業生活だけでなく、私生活（家庭生活＋社会生活＋自分生活）へと拡張している。働く人が仕事のみに生きがいを感じる「**会社人間**」だということを前提にすれば、そこでは、「男は仕事、女は家庭」の**性別役割分業**が固定化されるだろう。もし、家事・育児・介護などのことが女性のみの負担となれば、女性の社会進出は大きく制約され、子どもを生み育てながら会社で働き続けることもできず、少子化は歯止めなく進み、若年労働力は減少し、国内市場は狭隘化するであろう。性別役割分業を克服し、女性が多方面の社会進出をして継続就業することは、彼女たちの要望でもあるが、社会にとっても必要なことであろう。

いま**男女共同参画社会**の実現が志向される時代において、個々人は男女の性差に関係なく、職業生活はもとより家庭生活や社会生活など、ひろく社会性をもった生活をもとめている。日常的な家事をしたり、子どもを育てたり、町内会の仕事をしたり、老親の介護をしたり、趣味の会合で出向いたり、ひろく社会性のある暮らしを求めている。

とすれば企業の側が個人の側の生活意欲・勤労意欲を刺激して組織貢献を獲得するには、個々人の多様な生き方・働き方を重視・尊重し、つぎに述べる「**4つの生活の並立・充実**」で動機づける「**社会化した人材マネジメント***」で対応せざるをえない。つまり、組織の側が、個人の側の自立性*・多様性*・社会性*を重視して、多様な価値観・職業意識に応じた生き方・働き方を主体的に選択させることで、個々人の多様な生活欲求・勤労意欲を刺激して組織貢献を獲得するという内容である。つまり、個人の側の「4つの生活の並立・充実」をめざす「**ワーク・ライフ・バランス**」（Work-Life Balance、ＷＬＢ）が不可欠である。

ここでは企業の側が個人の側の「4つの生活の並立・充実」を意図する制度・施策のいくつかを概観しておこう（日本経団連『少子化問題への総合的な対応を求める』2007年）。

2　職業生活と家庭生活の並立・充実

まず個人の職業生活と家庭生活の並立・充実の施策をみておこう。たとえば、**育児休暇休業制度**は、育児のための休暇休業を保証することで「仕事と育児の両立」を直接支援する制度であり、現在では「育児・介護休業法*」（育児休業、介護休業等育児又は家族介護を行う労働者の福祉に関する法律）にもとづく施策である。

伊勢丹では、他社に先駆け、すでに1971年に「育児休職制度」、1989年に「育児勤務制度（短時間勤務）」などの子育て支援策を整備してきた。さらに、2001年には、「育児シフト勤務制度」（小学校3年生までの子どもをもつシフト勤務者が対象で、残業はなく「早番固定」ができる）、2002年には「復職者セミナー」（育児休職からの復職者と求職者を対象）、2003年には「子どもの看護のための休暇」（小学校就学前の子の看護のための無給休暇で年5日まで取得可能）と「カフェテリアプラン」（育児サービスや介護サービスの利用補助を含む）、2005年には「有期社員対象の育児休職制度」（基本的に満1歳未満の子の育児のために取得可能だが一定の条件を満たせば満1歳6ヵ月まで延長可能）、2006年には「有期社員対象の育児休職制度」（正規社員の制度と同一化）を、それぞれ導入している。

また、高島屋では正規社員を対象に、1986年に「育児休職制度」、1991年には「育児勤務制度」を導入していたが、2005年には両制度を有期雇用の社員にも適応した。同社の「育児休職制度」は、正規社員には子が2歳に達するまで、有期雇用社員では1歳6ヵ月に達するまで取得可能である。また、「育児勤務制度」は、正規社員には子が小学校4年生に達するまで、有期雇用社員では小学校就学まで利用可能である。

企業内託児所は、子育て中の社員のために企業内に託児所を設けて「仕事と育児の両立」を直接支援する施策である。日産自動車では、厚木のテクニカルセンター内に事業所内託児所「まーちらんど」を設置し、小学校就学前までの子を保育するが、午後10時まで利用でき、また体調不良児の預かりも可能である、という。トヨタ自動車では、小学校就学までの子を保育する「事業所内託児施設」を設置し（3施設、定員140名）、最大限午後10時までの延長保育ができ、体調不良時の預かり、交代制勤務への対応などのサービスも提供することで、子育て期の社員を支援している。

3　職業生活と社会生活の並立・充実

つぎに、個人の職業生活と社会生活の並立・充実の施策である。たとえば、**ボランティア休暇（休業・休職）制度**は、従業員の社会貢献活動を支援することで勤労意欲

と組織貢献を獲得するものである。その主な内容は、災害時の被災者救援活動、地域の環境美化活動、社会福祉施設入所者にたいする援助活動、居宅における障がい者・高齢者にたいする援助活動、地域の児童・生徒にたいする福祉活動、青少年の健全育成活動、青年海外協力隊参加などである。休暇期間は数ヵ月から数年に及ぶなどさまざまである。処遇も、有給・無給・支援金支払いなど、事業所によりさまざまである。

この制度のもとで、従業員は自分の利他主義的な奉仕の理想を実現でき、そのような「誘因」と引き換えに企業は個人の協働意欲を刺激・確保して組織貢献を獲得する。この制度は、近年の企業の社会性やCSR（企業の社会的責任）重視のなかで広く支持・受容されて普及しつつある。

先にみた**在宅勤務***は、自宅での**テレワーク***を前提にした勤務形態であり、会社生活と家事・育児・介護などの家庭生活に加え、さらに子どもの授業参観や地域諸行事参加などの社会生活との並立が可能になる。たとえば、パナソニックが2007年4月より導入した在宅勤務制度は、国内の全従業員7万6,000人のうち、工場勤務者（在宅勤務が不可能）を除く約3万人が対象であり、国内で最大規模である。希望者は事前に仕事内容などを上司に申告し、1週間に最大2〜3日まで在宅勤務ができる。その際、パソコンなどの必要な設備は会社が支給し、在宅勤務当日は仕事の開始時と終了時に会社へメール連絡すればよい。

また、日産自動車では、2006年7月より在宅勤務制度を導入したが、「小学校3年生年度末までの子どもの養育」「配偶者もしくは2親等以内の親族の介護」というふたつの目的に限定して、一定の基準を満たした者が在宅勤務できるようになった。

4　職業生活と自分生活の並立・充実

最後に、個人の職業生活と自分生活の並立・充実の施策である。たとえば、**リフレッシュ休暇制度**は、職業生活から一定期間離れて心身のリフレッシュを図り自分生活を充実させるものである。休暇期間は勤続年数に応じて異なるが、普通1〜2週間程度である。

資生堂では、勤続10年の者は10日間、勤続20年は15日間、勤続30年は20日間とされている。また休暇中に「支援金」「金一封」として5〜15万円程度が支給される場合もある。休暇目的を個人の自己啓発に限定する場合もあるが、多くは国内外の旅行に出向くなど自由である。個人は、一定期間の休暇を通じて自分生活の充実・リフレッシュを図り、生活意欲・勤労意欲を刺激される。

「**自己実現休暇制度**」も、ほぼ同じものであり、職業生活から離れて一定のまと

まった自分生活の時間を制度的に保証し、従業員の自分生活における成長欲求・自己実現欲求の充足を支援しつつ、生活意欲・勤労意欲を高めることを目的としている。大阪ガスの場合、最大4年間の休業を認めている。適用要件は「資格取得、留学、大学・大学院進学などの自己啓発」「老人・身障者の介護、青年海外協力隊など社会貢献・ボランティア」などである。休暇中は「休職扱いとして給与は支給しない」が「自己実現援助金」として「年収の4分の1相当（給与の3分の1および賞与の10分の1相当）を支給する」。「また自己実現に必要な資金のうち会社が認めた金額を支給する場合がある」という。

5 新しい働き方・働かせ方

　以上の考察で明らかなように、新しい「社会化した人材マネジメント」が導入されつつある。個人を朝から晩まで会社の仕事にしばりつける「会社人間」としてではなくて、「4つの生活の並立・充実」に動機づけられる社会性ある人間（「社会化した自己実現人」モデル）としてとらえなおす対応である。ワーク・ライフ・バランスの施策・制度の展開は、そのことを意味している。

　それゆえに、働く個人の側からみれば、多様な働き方ができるという意味での選択肢が拡大し、同時に「自由と自己責任」がともなう場面が多くなったといえる。

　ただし、働く個人の側の、①「4つの生活の並立・充実」「広義のワーク・ライフ・バランス」の実現のためには、1日が24時間と限定されている以上は、②「職業生活時間・労働時間の絶対的・相対的な短縮」、および、③「すべての生活舞台での男女共同参画・男女協働」は不可欠である。したがって、これら①～③は三位一体であり、「新しい働き方・働かせ方」という同じ内容についての異なる3つの表現でしかなく、同時に追求されねばならない課題である。とくに男性中心の長時間の職業生活のあり方が改善されねばならない。1日の中に占める職業生活時間の割合が相対的に大きければ、家庭生活など他の生活時間は大幅に短縮を余儀なくされ、ワーク・ライフ・バランスは困難になる。

　いま政府も企業団体も、そして各自治体においても「ワーク・ライフ・バランス」の施策を推進しており、「働きやすい」環境整備の早期実現が期待されている。それは、少子高齢化の進展、若年労働力不足、国内市場の狭隘化など、経営環境の変化のなかで日本企業が21世紀を生き残るための経営戦略であるとも言えよう。と同時に個人の側には、「会社人間」ではなくて、社会性のある自律型人材（「社会化した自己実現人」）になることも厳しく問われている。

NOTE

〈Chapter 7〉　　　やってみよう（*Let's challenge*）

(1)　本章の講義を聴いてあなたが学習したことを記してみよう。

(2)　以上の内容を5行以内で要約してみよう。

(3)　前記の要約のなかで重要なキーワードは何ですか？　列挙してみよう。

⟨Chapter 7⟩　　　　　　　　やってみよう（Let's challenge）

(4) 理解できましたか？　つぎの言葉の意味を記してください。

　　① 育児休業制度

　　② 介護休業制度

　　③ ボランティア休業制度

　　④ ワーク・ライフ・バランス

(5) 考えてみよう。なぜ近年において企業は働く人びとの職業生活・家庭生活・社会生活・自分生活の並立・充実を重視するのであろうか。

(6) 下記の情報から何が言えるか、記してみよう。

ワーク・ライフ・バランスの取り組み（パナソニック）

《取り組み例》

育児休業	子どもが小学校就学直後の4月末に達するまでのうち通算2年間取得可能
ワーク＆ライフサポート勤務	短時間勤務、半日勤務、隔日勤務など、育児や介護との両立を図るための柔軟な勤務制度
ファミリーサポート休暇	家族の看護や子どもの学校行事などのために幅広く利用できる休暇制度
チャイルドプラン休業	不妊治療のための休業制度

出所：パナソニックHP

⟨Chapter 7⟩　　　　　　　やってみよう（Let's challenge）

(7) (　　　　　　　　　　　　　　　　　　　　　　　　　　　)について調べてみよう。

🅛🅐🅦 知ってトクする法律❼

労働基準法にみる「女性保護」

　労働基準法には、「女性保護」規定がある。「産前産後の休業」（65条）は、産前6週間（多胎妊娠の場合は14週間）、産後8週間を請求できる。とくに、産後6週間は就業禁止期間で、従業員から請求があったとしても就業させてはならない。「妊産婦の保護」（66条）として、妊産婦が請求した場合、変形労働時間制によって1日または1週間の法定労働時間を超えて労働をさせることはできず、時間外労働・休日労働も禁止されており、深夜業にも就かせられない。「育児時間」（67条）として、生後1年に達しない生児を育てる女性は、1日に2回、それぞれ少なくとも30分、生児を育てるための時間を請求できる。「生理日の休暇」（68条）では、生理日の就業が著しく困難な女性が休暇を請求したとき、生理日に就業させることはできない。もちろん、こうした権利を行使することで不利益にならないことも定められている。ただ、1986年に施行された「男女雇用機会均等法（均等法）」以降、女性保護は母性保護の側面に限定される傾向にある。
　　　　　　　　　　　　　　　　　　　　　　　　　　　　　　　　　　　　　（伊藤健市）

Part 3

働く人にいかなる態度で接するのか

Chapter 8
いかなるリーダーが働く人を「やる気」にするのか

《本章を読むとわかること》 リーダーのあり方については、かつてその「特性」「資質」を重視する理論があったが、現代では部下（フォロアー）が自律人・自己実現人であることを前提に、集団や組織のあり方との関係を重視する理論へ進化している。本章を学習すると、以下のことが理解できる。現代のリーダーシップ論としては、「組織の目的達成」と「個人の欲求充足」の同時的実現をめざしつつ、とくに部下の自己実現や成長を促すリーダーのあり方が、広く支持されている。それらは民主的参加型リーダーシップ論と呼ばれている。

1 古典的な議論と現代の議論

　リーダーシップに関する古典的な議論の基本的な特徴は、組織目的の達成のみを重視して、組織を構成する個人の側の欲求・動機を無視して画一的に自己犠牲を要求する考え方にある。そこでは、**ピラミッド型***の**軍隊的専制組織**を前提に、独裁的なリーダーシップのもとでの画一的な指示命令が重視され、組織を構成する個人は滅私奉公的に動くことを強制される。

　そこで想定されている部下は、本来的には働きたくない人間、自律度・成熟度の低い人間であるから、組織のリーダーは部下が怠けないように、つねに監視・監督・指示・命令を強化し、脅迫・みせしめ・懲罰などの外的強制により働かせる、という考え方である（他律人モデル*）。したがって、そこでの望ましいリーダー像は、たとえば「押しが強い」「決断力がある」「根性がある」などの個人的な資質や特性に注目するものとなる（**資質論***や**特性論***と呼ばれる）。このような古典的な議論は、ピラミッド型の軍隊的専制組織が支配的で、組織のなかの個人の自律度・成熟度が低い歴史段階を背景にして展開されたものである。

　ところが、政治的民主主義の成熟や高学歴化の進展につれて、個々人の自律度・成熟度が高まり、さらに情報技術の進展で情報共有型の**ネットワーク型組織**が張り巡らされると、もはや軍隊的な専制組織の物的基盤が大きく揺らいできた。それとともに「組織と個人」の間の調整の仕方もまた大きく変容せざるをえなくなり、組織のなか

の個人の欲求・動機の充足と、組織目的の達成をいかに統合するか、という集団の機能としてのリーダーシップが重視されてきた。

すなわち、人間の行動（活動や労働）の基本的な動因は、本来的に個々人の内面的な欲求・動機にあり、誘発因である目標・目的の設定とあいまって動機づけられる。かくして、外的強制・脅迫・みせしめ・懲罰によるのではなく、個々人のもつ内面的な欲求（動因）に即して内発的に動機づける対応が重視されるようになってきた。

その根底にある基本パラダイム（考え方）は、バーナードやサイモンの近代組織論であり、それを基礎に、マズロー、マグレガー、ハーズバーグ、アージリスなどが**組織行動論・行動科学**として展開し、その主要内容は 1960 年代には、ほぼ出揃った。これらが現代の議論の典型であり、多くの組織で採用されている基本的な考え方である。すなわち、組織のなかの個人の欲求（とくに成長欲求・自己実現欲求）を充足することが組織目的の達成に通じる対応である。そこではボトムアップを重視する**逆ピラミッド型*の民主的組織**を前提に、個々人の自主性・自律性・自発性が重視・尊重される。

そこで想定されている個人は、自主的・自律的に自己管理して組織貢献できる（する）自律人・自己実現人モデルである。すなわち組織のなかの個人は、組織目的の達成のために自分で自分をコントロールできるのであり、組織目的の達成に個人が貢献する程度は、その貢献プロセスにて得られる成長欲求・自己実現欲求の満足度に比例している、という考え方である。

かくして専制的な指示・命令・指揮よりも、むしろコーチングやサポートが重視され、リーダーシップのあり方も、「民主的リーダーシップ」（レヴィン）や「参加的および従業員志向型リーダーシップ」（アージリス）が提唱される。さらに、職務充実、職務拡大、統合と自己統制による管理、QC（品質管理）活動など、組織目的の達成と個人の自己実現欲求の充足との統合を志向したさまざまな制度が登場する。このような考え方や施策は、個人の自律度・成熟度の高い職場、高学歴化のすすんだ職場では、すでに広く社会的に普及し受容されている。

このように現代社会においては、「組織と個人」の関係性やそこでのリーダーシップは、現代の議論（自己実現人モデルを前提にした議論）が支配的である。

2　民主的リーダーシップとはなにか

レヴィン（Lewin, K.）は、物理学を心理学に応用して、集団のなかに作用する心理の力学的な関係や法則を研究する**グループ・ダイナミックス**（Group Dynamics：集

NOTE

団力学*）を確立した（1948年、1951年）。彼は、グループ・ダイナミックスによる集団行動の力学的実験により、集団や社会における理想的なリーダーシップのあり方が「**民主的リーダーシップ**」であることを解明した。

すなわち、レヴィンの指導のもとにリピット（Lippitt, R. O.）やホワイト（White, R. K.）らが、1937年から39年にかけて、アイオワ大学児童福祉研究所で行った「リーダーシップ類型による集団雰囲気の実験的操作」に関する研究（**アイオワ実験**）は、集団とリーダーシップの研究に新しい分野を切り開いた。

アイオワ実験では小学生20名を5人一組の4集団に分けて工作させたが、その際、リーダーシップの型により、①独裁的リーダーの集団、②放任的リーダーの集団、③民主的リーダーの集団に分けた。そして、各集団におけるメンバーの態度、感情、行動、集団の構造、モラール（勤労意欲）、作業の生産性が比較検討された結果、次のことが確認された。

①独裁的リーダーシップのもとでは、作業量は一番多くなるが、他面ではメンバーが相互に敵意をもち、攻撃し合う傾向が強まり、孤立する者も生まれやすくなる。また、リーダーへの依存が高まり、メンバーのなかに潜在的不満が生じてくることが示された。

②放任的リーダーシップのもとでは、みんなでひとつの作業をする集団作業では作業の質も量も低下することが示された。

③民主的リーダーシップのもとでは、集団の目標をメンバーの討議により決定し、将来の行動の展望がメンバーに広範に与えられ、メンバーへの仕事の配分も集団決定し、作業評価についても客観的事実に即して行われた。その結果、集団の団結度が強くなり、メンバー間には友好的な雰囲気が創出され、仕事への動機づけが高まり、独創性が生まれることが示された。

この実験の途中でリーダーのもつ人格的要因の影響を排除するために、「リーダー」と「リーダーシップ類型による集団」とを交替（交換）したが、リーダーの人格的要因はなんら影響せず、リーダーシップ類型による集団の雰囲気のみが組織メンバーに影響を与えることが認められた。かくして「民主的リーダーシップ」の型こそが集団の生産性、メンバーの満足度、また集団の凝集度からみて最も望ましい、という結論が導き出された。

3　意思決定過程への参加とモラール

組織を構成する個人が組織目的の達成に向けて「やる気」をだすのは、組織全体に

関係する重要事案の意思決定過程への参加の程度に比例している。このことを究明したのは、コックとフレンチによる「**ホーウッド調査**」と呼ばれる実験的研究であった（巻末資料❹参照）。それは以下のような内容であった。

　実験は、まず労働者の作業集団を、集団全体にかかわる重要条件の変更の意思決定に参加する程度により、以下のように3つに分けた。

　①「意思決定に誰も参加しない集団」、すなわち重要条件の変更の説明を受けるだけで、その意思決定過程には誰も参加しない。

　②「意思決定に代表者のみが参加する集団」、すなわち重要条件の変更の際に、その意思決定過程に代表者のみが参加する。

　③「意思決定に全員が参加する集団」、すなわち重要条件の変更の際に、その意思決定過程に全員が参加する。

　そして、それぞれの集団の生産能率と、管理者への協力度について、40日間にわたり調査が行われた。その結果、重要条件の変更の前後の生産能率を、それぞれの集団ごとに比較してみると、つぎのような差異が見られた。

　「意思決定に全員が参加する集団」では、諸条件の変更直後に生産能率がわずかに低下したが、すぐに変更前の水準に戻り、その後は引き続き上昇し、管理者との間にトラブルも起こらず退職者も出なかった。

　「意思決定に代表者のみが参加する集団」では、諸条件の変更後にしばらく能率が下がったが、その後14日目になり、変更前の水準に戻り、労働者の態度も協調的であった。

　「意思決定に誰も参加しない集団」では、条件の変更後ずっと生産能率が回復せず、管理者にたいする敵意や生産抑制などの抵抗が続いた。しかも1ヵ月間に、この集団の17％が退職した。

　実験は、1回だけでなくほとんど同様の方法で2回行われたが、結果はほぼ同じことであった。このような実験の結果、研究者たちはつぎのような結論を引き出した。

　①集団の示すモラール（勤労意欲、生産能率）の程度は、集団の構成員たちが集団全体にかかわる重要事項に関する意思決定過程に参加する度合いに比例する。

　②重要条件の変更に際しては、変更の必要性を集団的に認識させ、変更を支持する圧力の源泉を集団内部に確立することが必要である。

　このような結論は、前述のレヴィンの「民主的リーダーシップ」の議論にも繋がるものであり、生産能率や勤労意欲の向上にとって組織構成員の意思決定過程への参加がいかに重要であるかを示唆している。かくして組織リーダーがフォロアーにたいし

てとるべきスタイルは、参加的リーダーおよび従業員中心的リーダーシップであることが着目された。

4 従業員志向型リーダーシップとはなにか

　ほぼ同様の見解は、**リッカート**によっても提示された。リッカートもまた集団力学の立場から、ミシガン大学社会調査研究センターを拠点に、集団の機能について実験的研究をすすめた。彼は、研究結果として、リーダーシップの行動については、「従業員志向型リーダーシップ」と「生産志向型リーダーシップ」の2類型があることを確認した。

　従業員志向型リーダーシップでは、仕事上の人間関係を重視し、すべての部下を重要視して一人ひとりに関心をよせ、彼らの欲求と個性を認めようとする。それにたいして、生産志向型リーダーシップでは、仕事上の生産性や技術的な側面を重視し、組織目的の達成に主要な関心を払い、部下をそのための手段・道具であるとみなしている。リッカートの研究の結論は、従業員志向型リーダーシップの方が、組織全体の生産性も個人の満足度も高くなり、好ましい、というものであった。

　リッカートは、このような議論を前提にして、管理システムを4つの類型に概念化し、4つ目の類型となる「**システム4**」は「参加的集団型管理システム」であり、これこそが現代社会で最もすぐれているという（巻末資料❺参照）。彼のいう「参加的集団型管理システム」とは、以下のような内容である。

　「トップは従業員を、上司は部下を、全面的に信頼している。意思決定は広く組織全体で行われているが、バラバラにならず、うまく統合されている。コミュニケーションは、上下方向のみならず、同僚間でも行われる。組織の構成員は、報償制度の策定、目標の設定、仕事の改善、目的達成過程の評価などにも参加が許され関与させられており、これによって動機づけられる。トップと従業員、上司と部下の間には、十分な信頼関係にもとづく広範で緊密な接触がみられている。統制機能については、低位の職場単位に至るまで完全に責任を分掌している。フォーマル組織とインフォーマル組織が一体化することも珍しくなく、すべての勢力・エネルギーが組織目的の達成に向けられる」。これが「システム4」モデルである。ちなみに個人の自律度・成熟度の高い現代社会において、最も好ましくないモデルは、システム4の反対側にある「システム1」すなわち「独善的専制型管理システム」であり、その内容は前述の古典的議論に示されている。

　このように、ここでも組織構成員を組織の意思決定過程に参加させる民主的な従業

員志向型リーダーシップの有効性が強調されている。

5 リーダーと自己実現人

　以上の考察でも明らかなように、現代の企業社会においては、「民主的リーダーシップ」「従業員志向型リーダーシップ」などと呼ばれるリーダーシップのスタイルが、部下を効果的に動機づけ、モチベーションを高めるものとして広く支持されている。

　これは、企業社会の成熟化、民主主義の前進、高学歴化などの進展により、自らの判断で意思決定し行動する自律型人材（自律人・自己実現人モデル）が、歴史の舞台に多数登場してきたことの反映でもある。したがってそこでは、限りなく部下（フォロアー）の自主性・自律性を尊重し、彼・彼女らに組織全体の意思決定過程にできるだけ参加させる民主的なリーダーが重視されるようになった。

　アージリスも、自己実現人モデルを前提に、個人が自己実現できるように組織をデザインし、個人の組織参加の機会を提供して自己統制の範囲を拡大させるリーダーシップのあり方を論じている。すなわち、組織目的の達成を優先するのではなくて、個人の欲求充足に焦点を置く「参加的あるいは従業員中心的リーダーシップ（participative or employee-centered leadership）」である（1957年）。

　また、マグレガーは、リーダーシップと状況との関係性について言及した。彼はリーダーシップの類型を変える要素として、①リーダーの特性、②メンバーの態度、欲求、個人的特性、③集団の目標、構造、果たすべき職務の性質、④社会・経済・政治、の４つをあげている。そしてリーダーシップはこれらの関係概念であるとした。そしてリーダーとその環境の関係が決定的に重要であり、状況の変化に応じて、リーダーシップ発揮の条件も変化する、という。彼はこれを「状況的リーダーシップ」論と名づけている。そこで経営者側は、固定的なリーダーの型ではなくて、変動を見越していろいろな型のリーダー人材供給源をつくることが肝要である、としている（1960年）。

　この議論は後述するリーダーシップ・コンティンジェンシー理論へと大きく発展するが、それについては、章を改めてChapter 9にて考察しよう。

NOTE

〈Chapter 8〉　　　やってみよう（*Let's challenge*）

(1)　本章の講義を聴いてあなたが学習したことを記してみよう。

(2)　以上の内容を5行以内で要約してみよう。

(3)　前記の要約のなかで重要なキーワードは何ですか？　列挙してみよう。

〈Chapter 8〉　　　　　　　やってみよう（Let's challenge）

(4)　理解できましたか？　つぎの言葉の意味を記してください。

① リーダーシップの「資質論」

② 民主的リーダーシップ

③ ホーウッド調査

(5)　考えてみよう。なぜ近年において企業は働く人びとの自己実現欲求の充足を重視するのであろうか。

(6) つぎの情報から、どのようなことが言えるか、記してみよう。

「学生の方々へのメッセージ」（未来工業）

　当社は、社員の**「やる木」**を育てることを経営の柱にしています。
　一日の大半を過ごす会社で、何から何までがんじがらめでは、社員はそんな会社のために努力しようという気が起きてくるはずもありません。そのため、当社は、**外せる制約はできるだけ外そう**と考えています。
　具体的には、**作業服は自由**にしました。**1日の労働時間は7時間15分、年間休日日数は約140日**という日本有数の休みが多い会社です。
　ところで、個人の能力はまちまちです。個々人の能力に差があるのは仕方ないことですが、各々が持っている能力を100%発揮して、皆が力を合わせていくことが大切だと考えています。また、社員は**プラス思考をすることが大切**だと考えています。**経験則もないのに「もしも？・・・」**というマイナス思考は**禁句**です。先ず、実行し、その先で万一問題点が発生した時にはその改善をする考え方が、会社発展の基本線です。
　そして、何よりも、**社員の自主性を尊重**します。

出所：未来工業株式会社 HP

〈Chapter 8〉　　　　　　　　やってみよう（Let's challenge）

(7) (　　　　　　　　　　　　　　　　　　　　　　　　　　　)について調べてみよう。

LAW　知ってトクする法律❽

男性もとろう！　育児や介護のための休業

　日本では、男性中心の長時間労働の職業生活が、「男は仕事、女は家庭」という性別役割分業を長い間にわたって再生産してきた。このような状況では、女性の職場進出や継続就労は困難となり、男女共同参画社会の実現が不可能になるばかりか、晩婚化、少子化に歯止めがかからない。そこで、働く人が、子どもの育児や家族介護をしながら継続就労する条件整備としての「育児・介護休業法」（育児休業、介護休業等育児又は家族介護を行う労働者の福祉に関する法律）が施行された（改正法2010年6月30日施行）。同法では、育児のために1年間の休業（第2章第5～10条）、家族介護のための93日間の休業（第3章第11～16条）、子ども看護のための5日間の休業（第5章第16条）などを規定し、働く人の「仕事と家庭の両立」を支援している（両立支援）。この法律は、必ずしも女性のための法律ではないが、育児休業を取得する圧倒的多数派が女性である。　　　　　（渡辺　峻）

Chapter 9

リーダーはいかに状況に適応するのか

《本章を読むとわかること》　リーダーシップのスタイル（態度）には、いくつかのものがあり、どれが最も効果的であるかは、リーダーをとりまく状況要因により異なっている。いつでもどこでも効果を発揮する特定のスタイルが存在するわけでない。本章を学習すると以下のことが理解できる。すなわち効果的なリーダーシップとは、上司のリーダーシップのスタイルと、部下の仕事にたいする自律度・成熟度、担当する仕事の構造化の程度、部下との信頼関係などの状況要因とが、うまく適応しているときであり、このような議論を、一般に「リーダーシップのコンティンジェンシー理論」と呼んでいる。

1　リーダーシップのスタイル

　前章でみたように、リーダーシップとは、リーダーが部下（フォロワー）に対して組織目的の達成に貢献するように働きかける一連の対応のことである。現代の議論では、部下の多数派は一般的にみて仕事にたいする自律度・成熟度が高く自己実現欲求（成長欲求）の充足に動機づけられるので、それらの欲求充足を追及しつつ部下を組織目的への貢献に導くことが重要となる。要するに、自律度・成熟度の高い、つまり仕事ができる部下には、本人の自律性・自主性を尊重した民主的参加型リーダーシップによる対応が効果的である。これはあくまでも現代の企業社会における一般論である。

　ただし個々人の仕事にたいする自律度・成熟度の程度は、長い職業人生のプロセスにおいてかならずしも一様ではない。たとえば３月に学校を卒業し４月に入社した新入社員の場合には、会社組織のことや業務のことは、ほとんど何もわかっておらず、このような社員にたいして「そんなこともわからないのか」「自分の頭で考え、判断し仕事をせよ」と指示しても当惑するであろう。そのような対応は、時には嫌がらせ（パワーハラスメント）として受け止められるであろう。このような新入社員には、仕事や業務の遂行についてのていねいな指導が欠かせないし、また不安と緊張に満ちた気持ちをやわらげ励ますような人間的な目配り・配慮も不可欠である。しかし、いつまでも手取り足取りの指導・指図をしていては、本人がすこしも成長せず、やがて

指示がなければ動かない人物（指示待ち人間）になるであろう。したがってリーダーは社員の成長に合わせて対応も変えなければならないし、最終的には本人が成熟度の高い自立型人材に成長するように導くべきである。

　また企業によってはタスク（仕事や業務）が厳密にマニュアル化されており、部下はマニュアルどおりにやれば、仮に研修期間が短くても、だれでもすぐに仕事ができるような場合もある。この場合には、上司による具体的な細部の指示・指図は不必要となる。逆に、新規事業を立ちあげたり、未知の新天地に新装開店したり、前例もマニュアルもないタスクをすることもある。そのような時には、部下への適切な指示が不可欠であろう。さらに研究開発のようにタスクの範囲も不明確で、仕事の遂行は研究者たちの自主性・自律性に委ねるしかない場合もある。したがってリーダーが採るべき部下にたいする態度は、職務遂行の課題や仕事の段取りが明確に決められているかどうか（つまりタスクの性質や「構造化の程度」）によっても異なる。

　このように部下を動機づける効果的な唯一絶対のリーダーシップ・スタイルが存在するわけではなく、リーダーはつねに部下の状況に合わせてスタイルを変えることが求められる。このような見解を「**リーダーシップのコンティンジェンシー理論**」と呼んでいる。以下においていくつかの代表的な見解を概観しておこう。

2　フィードラーの見解

　リーダーシップの研究において、状況要因との関係を重視したのが**フィードラー***（Fiedler, F. E.）であった。彼によれば、リーダーシップが効果を発揮するのは、リーダーが部下に接する際のスタイルと、その下で与えられる「状況要因」とが、うまく適合している場合である。つまりリーダーとしては、自己のスタイルを状況にうまく適合させることが肝心である。

　そのためには、まず自己の基本的なリーダーシップ・スタイルがどのようなものであるかを判断できることが必要であり、その尺度として「**LPC**（least preferred coworker）」、（最も好ましくない仕事仲間）が提示された。そこでは「LPCに関する質問票」を配付・回収して、回答者の心理的な態度を分析すれば、本人のリーダーシップ・スタイルが判断できるという。つまりLPCを好意的に受け止めることのできるリーダーは寛大な人間であり、部下にあまり命令的にはならない「**人間関係志向型リーダー**」である。逆に、LPCにたいして寛大さもなく、指示的・高圧的・統制的なスタイルをとるリーダーは「**タスク志向型リーダー**」である、という。

　このようにしてリーダーシップ・スタイルが判断できたら、リーダーは自己のスタ

イルを状況に適合させる必要がある。ここで状況要因（リーダーの支配力・影響力を規定する要因）とは、以下のものである。すなわち(a)リーダーとメンバーの関係（部下が上司に抱く信頼や尊敬の度合いが強いか弱いか）、(b)タスクの構造（部下の職務範囲・役割分担の明確度が高いか低いか）、(c)職位に与えたパワー（採用・解雇・昇進・昇給などリーダーのもつ権限が強いか弱いか）、という3つである。

そして、「リーダーとメンバーの関係」が良好で、「タスクの構造」が明確に構築され、「職位パワー」が強いほど「好ましい状況」であり、そのような時はリーダーの支配力・影響力は大きい。逆に、「リーダーとメンバーの関係」が悪く、「タスクの構造」が不明確で、「職位パワー」が弱いほど「好ましくない状況」であり、そのような時はリーダーの支配力・影響力は小さい。そして「きわめて好ましい状況」と「きわめて好ましくない状況」のもとでは、「**タスク志向型リーダーシップ**」が高業績をあげる。その中間にある「適度に好ましい状況」のもとでは「**人間関係志向型リーダーシップ**」が高業績をあげる、という（巻末資料❻参照）。

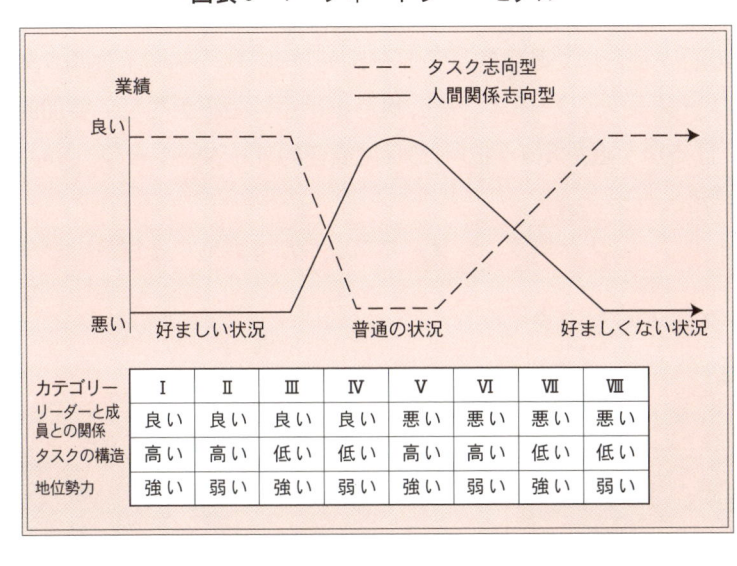

図表9-1　フィードラー・モデル

カテゴリー	Ⅰ	Ⅱ	Ⅲ	Ⅳ	Ⅴ	Ⅵ	Ⅶ	Ⅷ
リーダーと成員との関係	良い	良い	良い	良い	悪い	悪い	悪い	悪い
タスクの構造	高い	高い	低い	低い	高い	高い	低い	低い
地位勢力	強い	弱い	強い	弱い	強い	弱い	強い	弱い

出所：Robbins, S. P. (1984), *Essentials of Organizational Behavior*, Prentice-Hall. 高木晴夫訳（1997）『組織行動のマネジメント』ダイヤモンド社、223頁。

3　ハーシィーとブランチャードの見解

ハーシィー＊（Hersey, P.）は、**ブランチャード**（Blanchard, K. H.）とともに1960年代後半に、状況に対応するリーダーシップのモデルを開発した。彼らによれば、リーダーの効果性に影響するものは、「リーダー」「フォロワー（部下）」「上司（リーダーの上司）」「同僚」「組織と組織風土」「職務の要請（構造化の程度）」「意思

決定に許される時間（緊急度の度合い）」である。

　しかし、そのなかでもリーダー行動とフォロワーの関係がとくに重要である。なぜなら、リーダー行動の適否を決めるのはフォロワーだからである。つまりフォロワーが行動を先に決め、それにリーダーが自己の行動を対応させるほど、フォロワーへの影響力の行使は効果的になる、とする。だから、いつでもどこでも部下に影響をおよぼす唯一かつ最善の方法は存在しない。あくまでもリーダーが、影響の対象となる個人の状況にあわせて、効果的なリーダーシップ・スタイルをとることになる。

　リーダーシップのスタイルは、タスク遂行重視の行動（**指示的行動**）と人間関係重視の行動（**支援的行動**）の高低による組み合わせで4つある、とする。ここで指示的行動とは、リーダーがその率いる集団のメンバー（フォロワー）の任務や職務遂行を明確に決め、どのような課題を、いつ、どこで、いかに、達成すべきかの指示である。また支援的行動は、フォロワーが仕事で行き詰まり、障がいを乗り越えるための支援が必要なとき、リーダーが心情を聞いたり、励ましたり、サポートすることである。

　そこで、このふたつの座標軸の組み合わせで以下の4つにスタイルが区分される。つまり高指示と低支援の組み合わせで**教示的リーダーシップ**（S1）、高指示と高支援の組み合わせで**説得的リーダーシップ**（S2）、高支援と低指示の組み合わせで**参加的リーダーシップ**（S3）、低支援と低指示の組み合わせで**委任的リーダーシップ**（S4）、という4つのスタイルが示される。

　このいずれかのスタイルが、個人と集団の**レディネス**とうまく適応する場合にリー

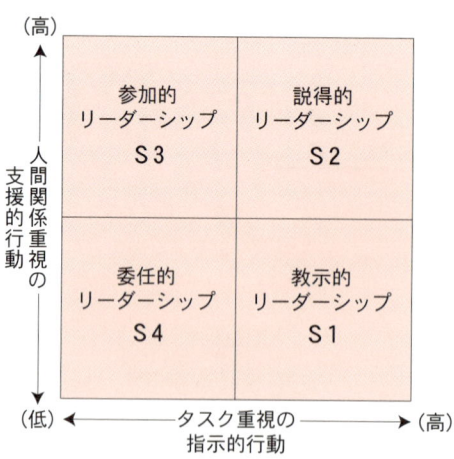

図表9-2　リーダーシップ・スタイル

	タスク重視の指示的行動（低）→（高）	
人間関係重視の支援的行動（高）	参加的リーダーシップ S3	説得的リーダーシップ S2
（低）	委任的リーダーシップ S4	教示的リーダーシップ S1

出所：Harsey, P. et al. (1996), *Management of Organizational Behavior*, Prentice-Hall. 山本成二・山本あずさ訳（2001）、『入門から応用へ　行動科学の展開〔新版〕』生産性本部、188頁より加筆修正して作成。

ダーシップは効果を発揮する。ここでレディネスとは、タスクの達成にたいするフォロワーの能力と意欲の程度のことである。能力（ability）とは、タスク遂行者がもつ知識、経験、スキルのことであり、意欲（willingness）とは、タスク遂行者がもつ自信、熱意、動機の強さのことである。**レディネス**は、能力と意欲の関係で4レベルに分けることができる。能力も意欲も低く不安を示すレベル（R1）、能力は低いが意欲や確信を示すレベル（R2）、能力は高いが意欲が低く不安を示すレベル（R3）、能力が高く意欲や確信を示すレベル（R4）の4つである（95頁の図を参照）。このような異なるレディネスのレベルに対応して、それぞれ異なるリーダーシップ・スタイルで対応しないと、フォロワー（部下）のヤル気は引き出せない。その効果的な組み合わせについて以下のように提示する。

　R1のフォロワーには、S1の「教示的（Telling）リーダーシップ」が最適である。そこでは指図やガイダンスを強め、なにを、どこで、どのようになすべきかを教示するのが最適である。

　R2のフォロワーには、S2の「説得的（Selling）リーダーシップ」が最適である。そこでは能力が低いので指示が必要だが、努力の姿勢はみられるので意欲を支援する。S2は、対話や質問の機会を与える点でS1とは異なっている。

　R3のフォロワーには、S3の「参加的（Participating）リーダーシップ」が最適である。そこでは能力はあるが自信がない個人や集団が含まれるので指示的要素の少ない対話と支援行動を提供する。リーダーの主たる役割は個々人への励ましと対話である。

　R4のフォロワーには、S4の「委任的（Delegating）リーダーシップ」が最適である。そこでの個人は能力・意欲・自信があるので当人や当該集団に責任をもたせて自由にやらせるほうが効果的である。

　このように、リーダーは、フォロワーのレディネスの程度を見極めつつ、自己のスタイルをレディネスに合うように変えて対応しなければならない。つまり唯一かつ最善の固定したリーダーシップ・スタイルはありえない。

4　ハウスの見解

　ハウス[*]（House, R. J.）は、**パス・ゴール**（path-goal）**理論**と呼ばれるリーダーシップのコンティンジェンシー理論を展開した。この見解では、リーダーの職務は、部下のゴール（目標）に向かうためのパス（道筋・経路）を示して、支援するのが役目である。その際、リーダーの行動が部下に受け入れられるのは、そうすることで部下の欲求が充足され満足をもたらす場合である。つまりリーダーの行動が部下を

動機づけるのは、(a)効果的な職務遂行を通して部下に満足をもたらし、(b)そうした職務遂行に必要なコーチング、指導、支援、報酬を提供している場合である。そして、リーダーシップ行動を以下のような4つに識別している（巻末資料❼参照）。

　①「指示的リーダー」は、部下になにが期待されているかを伝え、その達成方法を具体的に指示する。
　②「支援型リーダー」は、親しみを込めて部下と接し、部下の欲求を気遣う。
　③「参加型リーダー」は、意思決定に際し部下と相談し、部下の提案を受け入れる。
　④「達成志向型リーダー」は、部下にたいし困難な目標を設定し、その達成に全力を尽くすよう求める。
そして、以下のような仮説を提示する。

　「指示的リーダー」は、タスクの構造が高度に構築され、うまく配分されている場合よりも、あいまいでストレスの多い場合に、部下は最も満足する。そして、高い能力と豊富な経験をもつ部下には、くどすぎる。また、仕事をする集団内に大きなコンフリクト（対立）が存在する場合に、部下に高い満足度をもたらす。さらに、自分の命運は他人によってコントロールされると信じている他律的な部下には最も満足する。

　「支援型リーダー」は、部下が明確化されたタスクを遂行している場合に、高業績と高い満足度をもたらす。

　「参加型リーダー」は、自分の命運は自分がコントロールできると信じている自律的な部下には最も満足する。

　「達成志向型リーダー」は、タスクの構造があいまいな場合に、努力すれば高業績につながるという部下の期待を増し、部下のモラールが高まる。

　以上においてみたように、リーダーシップのスタイルの識別は論者によりさまざまである。しかし共通点は、人間関係重視の座標軸と、タスク遂行重視の座標軸との組み合わせでほぼ4類型に区分していることである。つまり仕事や業務遂行を重視して人間関係を軽視する「指示型専制型リーダー」、仕事や業務遂行とともに人間関係も重視する「説得型納得型リーダー」、仕事や業務遂行より人間関係を重視する「参加型温情型リーダー」、人間関係も業務遂行も重視しない「放任型委任型リーダー」である。論者により表現は微妙に異なるが、おおむね以上の4タイプである。しかし、いつでもどこでも効果を発揮する特定スタイル（態度）はなく、リーダーはつねに状況要因に合わせてスタイルを変え、部下に柔軟に対応することが求められる。

NOTE

⟨Chapter 9⟩ やってみよう（*Let's challenge*）

(1) 本章の講義を聴いてあなたが学習したことを記してみよう。

(2) 以上の内容を5行以内で要約してみよう。

(3) 前記の要約のなかで重要なキーワードは何ですか？ 列挙してみよう。

⟨Chapter 9⟩　　　　　　　　やってみよう（Let's challenge）

(4)　理解できましたか？　つぎの言葉の意味を記してください。

　① リーダーシップのコンティンジェンシー理論

　② リーダーシップ・スタイル

　③ フォロアー

(5)　考えてみよう。あなたにとって理想のリーダーとはどのような人ですか。また、あなた自身がリーダーになったとき、どのようなリーダーをめざしますか。

(6) つぎの図表の情報から、どのようなことが言えるか、記してみよう。

ハーシィーとブランチャードのリーダーシップ・モデル

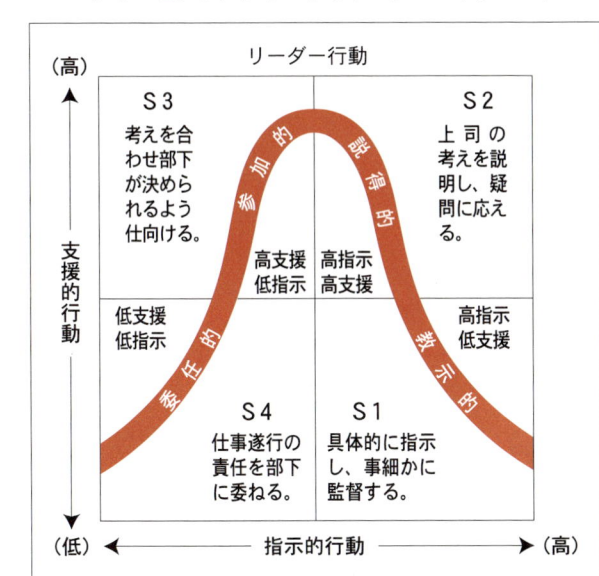

リーダー行動

- S3：考えを合わせ部下が決められるよう仕向ける。（高支援 低指示）— 参加的
- S2：上司の考えを説明し、疑問に応える。（高指示 高支援）— 説得的
- S4：仕事遂行の責任を部下に委ねる。（低支援 低指示）— 委任的
- S1：具体的に指示し、事細かに監督する。（高指示 低支援）— 教示的

縦軸：支援的行動（低〜高）
横軸：指示的行動（低〜高）

部下のレディネス

（高）		（中程度）		（低）
R4	R3	R2	R1
高能力で意欲や確信を示す	高能力だが意欲弱く不安を示す	低能力だが意欲や確信を示す	低能力で意欲弱く不安を示す
自律的		他律的	

出所：Harsey, P. et al. (1996), *Management of Organizational Behavior*, Prentice-Hall. 山本成二・山本あずさ訳 (2001)、『入門から応用へ 行動科学の展開〔新版〕』生産性本部、207頁より加筆修正して作成。

〈Chapter 9〉　　　　　　やってみよう（Let's challenge）

(7) （　　　　　　　　　　　　　　　　　　　　　　　　）について調べてみよう。

LAW　知ってトクする法律❾

人権を傷つけるセクハラやパワハラ！

　1999年施行の改正男女雇用機会均等法は、その第11条で、事業主にたいし、セクシュアル・ハラスメント（性的嫌がらせ、セクハラ）に対応する措置を講じる義務を課している。セクハラには、性的要求を拒否したことを理由に労働条件上の不利益を被る「対価型」のものと、不快な性的言動により働く環境を悪化させる「環境型」のものがある。99年改正のセクハラ防止のための雇用管理上の配慮義務は、2007年改正で措置義務に強化されている。
　一方、パワー・ハラスメントは、権力や地位の差（パワー）を利用した嫌がらせであり、人格と尊厳を傷つける言動を行い、働く人びとの環境を悪化させたり、雇用不安を感じさせる行為のことである。具体的には、クビ（解雇）にするぞと脅すこと、ささいなミスをみんなの前で必要以上に怒鳴りつけること、残業を強要すること、話し掛けても無視すること、飲酒を強要することなどがあげられる。

（伊藤健市）

Part 4

働く人の能力をいかに開発するのか

Chapter 10
「能力開発」にはどのようなプログラムがあるのか

《本章を読むとわかること》　近年の経営環境の変化のなかで、企業の行う能力開発あるいは教育訓練、人材育成にも、新しい動向がみられる。本章を学習すると、つぎのふたつが理解できる。そのひとつは、企業側が行う能力開発のプログラムとそのための方法にはどのようなものがあるか、もうひとつは、現代の経営環境の変化のもとで能力開発がどのようになっているか、である。

1　能力開発を重視してきた日本企業

　日本の企業においては長い間、従業員にたいする「**能力開発（development）**」や「**教育訓練**」を重視してきた。"終身雇用"という言葉に示されるように、企業は人材を長期間にわたって雇用しようとしてきたので、人材のもつ能力を育成したり、開発することを大切にしてきた。企業に採用される人びとが、いつやめるかわからないのであれば、企業は能力開発を行い、人材を育成しようという気持にはならない。しかし、企業は長期間にわたって雇用しようとし、働く人びともできれば長く勤務しようと思っていたので、能力開発に積極的に取り組んできた。

2　能力開発のための主なプログラムと方法

(1)　主なプログラム

　企業で行われている能力開発のための主なプログラムには、どのようなものがあるのか。1つ目は、**階層別の能力開発**である。入社してからキャリアを積むにつれて、新入社員、中堅社員、マネジャー、そして経営者という階層を昇っていくが、この階層における主な節目で行われる教育訓練である。

　2つ目は、**部門別職種別の能力開発**である。これは企業で行われている職能、つまり主な仕事ごとに実施されるもので、具体的には製造、販売（営業）、財務、情報システムなどの主要な職能部門ごとに行われている。

　3つ目は、**テーマ（課題）別の能力開発**であり、現在の企業経営にとって緊急または不可欠と思われる課題や問題をとりあげるプログラムである。さらに、もうひとつ

あげるとすれば、「自己啓発（Self Development）」の支援がある。これは、能力開発をみずから行おうとする働く人びとにたいして、企業が支援（サポート）するプログラムである。

(2) 能力開発の3つの方法

以上のプログラムの内容については、のちに説明するが、これらのプログラムを達成するための主な方法・手法をみていこう。これには、「**OJT**（On the Job Training、職場内訓練）」と「**OFF-JT**（Off the Job Training、職場外訓練）」がある。さらに、自己啓発も重要な方法になっている。

「OJT」は、職場内訓練といわれるように、「仕事を実際に行っている職場」（オン・ザ・ジョブ）で実施されるものであり、実際の仕事の場で仕事を通じて、仕事についての学習を行う。したがって、OJT は仕事を行っている現場で仕事ができるようにするものであり、きわめてプラクティカル（実践的、実用的）な能力開発である。新入社員が配属された職場の上司や先輩社員から教わったり、新任マネジャーが直属の上司から部下指導のポイントを教えこまれたりするのが、この例となる。

どんな仕事でも実際に経験しないとできないことが多いので、上司や先輩の話を聞いたり、あるいはかれらの仕事をみて、やっておぼえるのが、OJT の本質である。OJT は有効な能力開発の方法であるが、上司が多忙であったり、指導力が不足している場合、OJT はうまくいかないことになる。

また、仕事のやり方がよく変わる職場では、上司の経験は活かされず、むしろ無用の場合もありうる。このようななかで、ベテラン社員をメンター（指導者）として配置したり、ビデオなどのマニュアル教材を使用している企業もある。

つぎの「OFF-JT」は、研修施設などの「仕事を行っている職場とは別の場所」（オフ・ザ・ジョブ）で行われるものである。それは職場外訓練であり、一定人数の人びとが一緒に学習する意味で、集合研修とか、"座学"とも呼ばれる。座学＊とは社内外の研修施設でイスに座って行われるために、この名がついている。

OFF-JT は、教場を使って実施されるので、学校教育に近いスタイルとなる。専門の講師（大学教師、マネジメント・コンサルタント、社内の専門家など）が経営の基本、最新の経営の理論や技術などを参加した人びとに教えこむことになる。また、具体的な実例をとりあげることも多く、仕事を実際に行う職場で役立つように工夫されている。そして、会社から派遣されて国内外のビジネス・スクール（経営大学院）などで学習するのも、この方法のひとつである。

もうひとつあげた「**自己啓発**」は、働く人がみずから自主的に学び、自分で自分の

能力を開発しようとする方法で、働く人びとの側での意欲が大切になる。日本の企業はこの自己啓発を支援してきたが、これはまさに働く人びと自身の問題である。最近では企業の支援に頼らずに行う人びとがふえている。具体的には、通信教育を受講する、資格取得を目標に学習する、異業種交流の会合に参加する、各種の学習会・講演会やセミナーで学習する、社会人大学院に進学する、などがある。

3 階層別の能力開発

(1) 新入社員から中堅社員の能力開発

これは、学校を卒業して入社してくる新入社員（新卒者）にたいして実施される。新卒者は社会人としての経験がないために、企業は社会人としての要件だけでなく、企業で働くことの意味や自社の沿革、経営理念や業務内容などをOFF-JTにより教え込む。その後、職場に配属され、OJTにより職場の仕事を学習し、訓練をうける。入社後数年もすれば、しっかり仕事ができるようになり、中堅社員の階層にむかうが、この階層では仕事を通じた経験とOJTにより、能力を向上させるとともに、高い業績をあげられるようになる。

(2) 新任マネジャーの能力開発

中堅社員のなかから職場をまとめるマネジャー（管理者）が選抜されていくが、この新任マネジャーの人材育成も重視される。これまで現場の「一担当（イチ）」として働いていたが、マネジャーとして、部下をもつことにともない、部下指導などの**ヒューマン・スキル**（対人関係能力）や職場をまとめるためのマネジメント能力が新たにもとめられる。

「一担当」として仕事を行えることと、部下に仕事をさせ、職場をまとめる仕事は異なっている。したがって、マネジャーに固有の能力開発のプログラムが必要となる。そのためには、OJTだけでなく、OFF-JTによって、マネジャーになったことを自覚させることになる。

(3) 自己啓発中心の経営者の能力開発

新任マネジャーとは係長、主任、グループ・リーダーなどであり、大企業においては、これらの人びとのなかから課長、部長、そして、経営者が選抜される。もっとも、中小企業の場合には、しばしば経営者はおおむね創業者などの同族（ファミリー）関係者が就任することが多い。

経営者の能力開発＊は、企業のトップに位置するものとして、自己啓発を中心に、みずから行うべきである。成功し、業績をあげた経営者であっても、経営環境はたえ

ず変化し、発展していくことを意識して、自分を新しくしていく必要がある。現在のような変化のはげしい時代にあっては、とくに経営者には企業の将来を考える構想力、新しい経営理念や自社の具体的な戦略をつくりだす能力がもとめられている。

4 部門別職種別の能力開発の意味

(1) スペシャリスト志向の重視

　企業の組織には階層があるだけでなく、製造部門、販売部門、財務部門、情報システム部門などから構成されている。働く人びとは、いずれかの階層に位置するとともに、いずれかの職能部門に配属されている。

　部門別職種別の能力開発は、この部門ごとに行われるものであり、それぞれの職種に関する**スペシャリスト**＊（**専門家**）を育成しようとする。たとえば、販売（営業）部門では、製品やサービスを売ることができる人材を育成する。そして、製造部門は、能率的かつ安全に製品を生産できる人材を育てようとする。また、研究開発部門は、技術や製品の開発を可能にする能力開発を重視する。

(2) ゼネラリスト志向のジョブ・ローテーション

　これとは違い、日本の大企業では、主に大卒のホワイトカラー（事務職）にたいして、20代の若い時期に2、3年ごとに複数の部門を経験させるという**ジョブ・ローテーション**（**配置転換**、**人事異動**）を行い、視野の広い**ゼネラリスト**を育成する方法をとってきた。現場の一線で働いているときにはスペシャリストでなければならないが、階層が上方になり、経営者やその周辺で働く人びとにとっては、企業経営を全社的に把握できる能力が大切になる。

5 テーマ（課題）別の能力開発と経営者の責任

(1) 現代的なテーマへの対応

　現在の企業経営にとって緊急または不可欠と思われる課題や問題をとりあげるプログラムも、実施されている。たとえば、グローバル化や情報化の進展のなかで、これに対応するための各種プログラムが実施され、一部は階層別や職種別の能力開発プログラムに組みこまれてきた。

　現代的なテーマとしては、環境問題へのとり組み、コンプライアンス（法令遵守）などのCSR（企業の社会的責任）、セクハラやパワハラなどの**人権問題**への対応、ワーク・ライフ・バランスなどの働き方の問題への対策などがあり、このようなプログラムを実施する企業が一般的である。

NOTE

(2) 変化に鋭敏さがもとめられる経営者の責任

　企業も社会を構成する存在として、その時代その時代のルールや常識に従って活動を行っていくことがもとめられており、社会や経済の大きな動きに経営者は鋭敏（agile）に反応していかなければならない。その点では、テーマの選定などにあたっては、経営者の責任はとくに大きく、すでに述べたように、たえず自己啓発を行い、意識や思考を変えていくようにする必要がある。

6 経営環境変化のもとでの能力開発

　長い間、日本の企業は、能力開発の場としての役割を果たし、企業が責任をもってそれを推進してきた。しかし、近年では経営環境の激動のなかで変化がみられてきた。

(1) 雇用リストラの影響

　変化の背景のひとつには、1990年代以降の経済環境の悪化による人材マネジメントのきびしさがあった。90年代、わが国ではバブル経済が崩壊し、日本企業の人材マネジメントは働く人びとにとってきわめてきびしいものとなった。バブル経済のもとで大量に雇用された人材は、売上高や利益の大幅な減少のなかで不要となり、削減の対象となった。これは「**雇用リストラ***」といわれ、企業の生き残りのために人材削減、つまり人減らしが大規模に行われた。

　雇用された労働力の量を減らすだけでは足りず、仕事にたいする対価である賃金や給与の支払い方法が変えられた。報酬として支払われる原資が少なくなったために、企業は人件費を削減しなければならなかった。この場合、一律に賃金を下げること（賃下げ）を行うとか、仕事の成果に応じて支払う成果主義による支払いが行われた。成果主義をとると、短期的に成果をあげた人間が評価されて多く賃金をもらう反面、少なくなる人間もでることになった。

　このような人材マネジメントを行わざるをえなくなった企業にあっては、能力開発や教育訓練を行って時間をかけて自前で人材を育てるよりも、即戦力をもつ人材を外部から調達しようという動きがみられてくる。そして、**若者の早期離職***の増加や**自律的なキャリア志向**の風潮も、このような動きに拍車をかけてきた。つまり、この動きは企業側の事情だけでなく、働く人びとの意識の変化にも関係していた。

(2) 仕事をとりまく環境の変化

　IT化、顧客ニーズの変化、技術の進歩など、仕事をとりまく環境も大きく変化している状況にあっては、現在行っている仕事が変化したり、場合によっては消滅して

しまうこともありうる。そこで、仕事の遂行能力を低下させず、維持することが強くもとめられている。

行ってきた仕事が高度化したために、これまでの経験やスキルではその仕事ができなくなることも起こりうる。たとえば、エンジニア（技術者）のスキルが技術の進歩のために対応できなくなり、仕事ができなくなってしまう。この状態をスキルの「**陳腐化***」という。したがって、企業は人材の陳腐化をさけるように、たえず能力開発を行わなければならない。

（3）「変化」のもつ意味と対応

以上のように、環境の変化は働く人びとにたいして影響をおよぼしている。小さな変化は、いい刺激になるかもしれない。しかし、変化があまりに大きく、しかも短期間にくると、対応できなくなるおそれが生じる。

たとえば、コスト削減への要請、少数精鋭化と非正規社員の増加のなかで、正規社員の仕事負担は質量ともに過重になってきている。その結果、職場や仕事で不適応の現象が発生している。具体的には、健康を害したり、「**メンタル・ヘルス***（心の健康）」を保持できなくなることもでてくる。したがって、心身の健康のために、それにうまく対応できるための能力開発への配慮が、企業側にも働く人びとの側にも必要になっている。

《コラム》

「ペア」制度を導入した、みずほ銀行

みずほ銀行は、2010年の春から入行5年前後の行員が新人社員をマンツーマンで指導するという能力開発の制度を採用した。これは「兄貴分」、「姉貴分」に教わりながら学習するものであるが、教える側も教えることで啓発されるというメリットがあるという。そして、これと同じようなことを行っている企業がみられる。

NOTE

〈Chapter 10〉　　やってみよう（*Let's challenge*）

(1)　本章の講義を聴いてあなたが学習したことを記してみよう。

(2)　以上の内容を5行以内で要約してみよう。

(3)　前記の要約のなかで重要なキーワードは何ですか？　列挙してみよう。

〈Chapter 10〉　　　　　やってみよう（Let's challenge）

(4) 理解できましたか？　つぎの言葉の意味を記してください。

　① テーマ別の能力開発

　② OJT

　③ 新入社員の能力開発

(5) 考えてみよう。環境の変化をひとつ具体的にとりあげて、それが働く人びとにどのように影響をおよぼしているかを明らかにしてみよう。

(6) つぎの情報（『日本経済新聞』2010年3月15日）を読んで、感じたことを記してみよう。

> **会社の常識：新入社員Q＆A**
>
> Q．新人指導係になりました。自分の仕事で手いっぱいなのですが、指導は義務ですか？
>
> A．多くの会社では入社後に一定期間の研修を実施した後、新人を職場に配置します。それでもいきなり一人前として働けるケースはまれです。業務内容や会社の決まり事などの実務は、働きながら上司や先輩が教えていくことになります。
>
> 　労働契約法ではいったん会社と労働契約を結んだ従業員は、会社に対して一定の義務を果たさなければならないとされています。労働力を提供することはもちろんですが、会社や上司の出す命令に従ったり、職場の秩序を守り会社の利益を維持したりすることも義務とみなされます。
>
> 　後輩の指導が上司からの業務命令である場合は、特別な理由がない限り拒否できません。いったん引き受けた指導業務を「面倒だ」などと放棄することは、職場全体の利益に反する行為に当たる可能性もあります。一方で、業務命令でなければ義務になりません。
>
> 　ただ、複数の人が共同で1つの事業にあたるような部署の場合、一人前に仕事ができない後輩や新人を誰かが指導しなければ、職場全体として一定の業務成果を出し続けられなくなります。本当に自分の仕事が忙しく対応できないようなら、上司や先輩、同僚と話し合い、役割を分担できないか相談してみましょう。

⟨Chapter 10⟩　　　　やってみよう（Let's challenge）

(7) （　　　　　　　　　　　　　　　　　　　　　　　　　）について調べてみよう。

LAW　知ってトクする法律❿

子育て支援は CSR（企業の社会的責任）！

　少子化の急速な進行は、わが国の政治・経済・社会に深刻な影響を与えている。そこで、政府・地方公共団体・企業などは、いま一体となってその対策を進めている。2003年7月に成立・公布された「次世代育成支援対策推進法」は、そのためのものである。この法律は、次代の社会を担う子どもが健やかに生育する環境整備を行う「次世代育成支援対策」を進めるため、国や地方公共団体による取組だけでなく、301人以上（2011年4月以降は101人以上）の労働者を雇用する事業主は、「一般事業主行動計画」を策定し、各都道府県労働局に速やかに届け出なければならないとしている。また300人以下（同年4月以降は100人以下）の事業主には、同様の努力義務があるとしている。このように事業主には、働く人が子どもを生み育てるための条件整備やサポートが義務づけられている。

（渡辺　峻）

Chapter 11

働く人の「キャリア開発」をいかに支援するのか

《本章を読むとわかること》　近年の労働市場の流動化の進展や、ライフスタイル・職業意識の多様化のなかで働く人びとにとってキャリア開発（career development）のもつ重要性が高まっている。本章を学習すると、キャリア開発がどのような意味をもっているか、キャリア開発を支える主要な考え方（コンセプト）は何か、今後のキャリア開発の方向性、が理解できる。

1　キャリア開発の重要性

(1)　キャリアの意味

「**キャリア***」とは、もともとは職業上の「履歴」「経歴」を意味し、それは、働く人がこれまで主としてどのようなことを行ってきたかを示している。しかし、キャリアは過去だけでなく、現在、そして将来にかかわる言葉でもある。これまで行ってきた仕事を今後も続けていくのか、それともなにか新しいものにチャレンジしていくのかという意味もふくまれる。要するに、キャリアは過去から現在、それから将来にわたるものであり、「職業生涯」と訳す場合もある。

昨今の働き方は20歳代から仕事や職業生活をスタートさせ、60歳代まで続けるのがふつうであり、この期間が職業生涯である。40歳代ぐらいが、職業生涯の折り返し点、中間地点になる。そして、その時点でこれまでのことを反省しつつ、後半のキャリアをどのようにするかを考え、実践していかなければならない。

(2)　ライフとキャリア

(1)でキャリアを職業生涯としたが、これに関連する言葉が「**ライフ**（life）」である。ライフとは人として生きている期間を意味し、まさに「生涯（一生）」または「生活生涯」をさしている。わが国では人生80年とか、90年の時代が到来している。自分の生活生涯、つまりライフを考えるうえで、職業生涯つまりキャリアは大きな意味をもっているのである。

(3)　企業まかせのキャリア開発

キャリアは過去だけでなく、現在から将来につながっているほかに、さらに「一生

の仕事」とか、「訓練・技術を必要とする職業」という意味もある。したがって、一生の仕事には、自分の生涯にとって大切となるような仕事や職業生活のあり方をみつけ、それを育てていくという活動がもとめられる。また、訓練・技術を必要とする職業の場合には、たえず自分を積極的にみがき、学習したり、情報を得ていくという姿勢や態度をもつことが必要となる。

このような活動を将来に向けて行ったり、姿勢を維持することを**キャリア開発***という。キャリア開発の主体は現在では働く人であり、彼・彼女らはみずからキャリアを育てることが必要になる。かつて、ひとつの企業で長期にわたって雇用されることが一般的であった多くの日本人にとって、キャリア開発は企業側にまかせてきた。**ジョブ・ローテーション**（**配置転換、人事異動**）は企業側が決め、働く人びとは決められた**キャリア・パス**（どのように仕事を行い、仕事を変え、経験を積んでいくのかの「経路」）を歩むことになる。

企業側が決めた人事異動を自分が望まなくても、基本的には拒否することができないために、企業の側がキャリア開発にかかわるウェイトが大きかった。能力開発も前章で述べたように、企業側が整備した階層別や部門別職種別などのプログラムにしたがって行われてきた。そして、さらに退職後の生活にソフト・ランディング（安全に着地）できるための**退職準備教育***や**ライフ・プラン**づくりにも、企業側がかかわってきた。

(4) 個人側への力点の移行

しかし、状況は変化し、キャリア開発における働く側の主体性が重視されるようになっている。企業側からの強制的制約がなくなったわけではないが、いくつかの要因により、その力点が働く側へと移ってきた。

そのひとつは、第2次世界大戦後の高度成長期の日本企業は、組織を拡大させ、多くのマネジャー（管理者）を必要としたが、安定成長期になるとともに、組織を小さくするだけでなく、それにともなってマネジャーの数も削減され、ポストを得られない人間が増加したことである。働く人びとを一律にマネジャーにすることをキャリア開発の目標としてきた日本の企業は、ポストを得られない人びとのキャリア・パスをどうするかに悩むことになる。

第2に、日本企業のもつ**集団主義**の限界が強調され、個人の個性や能力、異質性を発揮することが重視されるようになったことである。それらは「創造性」や「革新（イノベーション）」を生みだす源泉といわれ、そのための人材マネジメントが提案され、実施されることになる。

NOTE

第3に、日本企業が1990年代前半のバブル経済崩壊後、雇用リストラを実施し、長期雇用を守ることができなくなったことである。つまり、「労働市場の流動化」、「労働移動」の時代となり、日本の企業は働く人びとのためのキャリア開発を行う余裕を失ってしまったのである。また、この時期の経営者はバブル経済崩壊後の経営にたいして展望をもつことができず、自信のある経営を行うことができなかった。

　このような状況のなかで、働く人びとの間には、企業を頼りにせずに自力で自分のキャリアやライフを切り拓きたいという考えが生まれてくる。それは「**自律的なキャリア形成**」といわれるもので、働く人びとの職業意識や企業にたいする考え方が変わったことを示している。

2　キャリア開発を支える考え方

(1)　「キャリア・パス」の整備と能力開発の体系化

　キャリア開発を企業が支援する場合にとくに重要なのは、**キャリア・パス**（または「**キャリア・パターン**」ともいう）の整備と能力開発の体系化である。キャリア・パスは、すでに述べたように、働く人びとが企業内で仕事をスタートさせ、人事異動（昇進を含む）を通じていろいろな仕事の経験を積んでいく経路とか、ルートをさしている。

　たとえば、ある人間が営業職で仕事をし、その後もこの分野のスペシャリストで生きていきたいと考えているとすれば、これと関係のない職種部門への長期の配置は、この人間の能力開発だけでなく、キャリア開発にもマイナスに作用する。ジョブ・ローテーションは、働く人びとのニーズにすべて応えられるものでは決してないが、できるだけ応えるようにする必要がある。

　要するに、本人のキャリア開発を可能にするためのキャリア・パスを用意するとともに、あわせて前章で述べた能力開発のプログラムを実施することが肝要となる。キャリア・パスは現場での経験を意味し、能力開発のプログラムをうまく組み合わせることで、効果が発揮される。

(2)　「キャリア・ゴール」の明確化

　キャリア開発を企業が支援するとしても、働く側が明確にしなければならないのは、自分の**キャリア・ゴール**とか、キャリア・ビジョンである。これは、仕事や職業上の目標とか夢であり、前述の営業職の場合、たとえば営業部長ぐらいまでは昇進したいと思っているとか、経験を積んだら父親が経営している販売会社を継ぎたい、といったものである。つまり、職業生涯のなかで最終的に実現したい目標やあり方が

キャリア・ゴールである。

このキャリア・ゴールや**キャリア・ビジョン**が不明確であったり、あいまいであると、実現したい目標がないのと同じ状態となり、キャリア開発をスタートさせることができない。本人がまず自分のキャリア・ビジョンを明確にする必要があるが、企業側としても、そのためのサポートを行うことがもとめられる。

(3)「キャリア・アンカー」の識別

キャリア・ゴールとならんで大切なのが、**キャリア・アンカー**（career anchor）である。アンカーとは、船を一定の場所に停止させる"いかり"のことであるが、抽象的にはよりどころ、こだわり、頼りになるものを意味している。そのことから、キャリア・アンカーは、仕事を行い、職業生活を送るうえで、個人がよりどころにしたり、こだわるもので、**シャイン**（Schein, E. H.）が名づけた言葉である。

ある人は金銭などの経済的報酬を求めて働くと考えているかもしれない。そうでなく、働きがいを仕事の源泉とみている人や、地位（ポジション）を得ることにこだわる人もいるし、また名声や権力を大切にしている人もいる。さらには、社会貢献に働くことのよりどころを得ようとしている人もいるし、自分の能力開発や自己実現に固執している人もいる。

キャリア・アンカーは、このように人によって異なるもので、キャリア・ゴールと同じように本人が自分のアンカーを知る必要がある。そして、キャリア開発を支援する企業も、働く人びとが何をよりどころにして働いているかを把握していなければならない。

(4)「キャリア・ステージ」の意味

キャリアには段階とか、変化の局面があり、これを**キャリア・ステージ**という。簡単にいうと、キャリアの主な節目であり、いろいろな見方があるが、初期キャリア、中期キャリア、後期キャリア、と3つに分ける考え方がよく知られている。**初期キャリア**は、20歳代から30歳代前半あたりの段階であり、仕事をまず覚えて、それからしっかり仕事ができるようになる期間である。そして、この段階は仕事をすることや、長期的な報酬の多さよりも、仕事自体のおもしろさや多様な内容の仕事を担当できることによって動機づけられるかもしれない。

つぎの**中期キャリア**は、30歳代後半から40歳代のあたりの段階であり、企業内での自己の成長や昇進の可能性、企業との関係の維持などが動機づけの要因となろう。マネジャーになっていなくても、企業の中核として、初期キャリアの人びとを育成したり、職場における仕事の円滑な遂行に役立つことが期待されている。

NOTE

Chapter 11 働く人の「キャリア開発」をいかに支援するのか

　最後のステージである**後期キャリア**は、50歳代以降の段階であり、地位が安定的であること、自分の企業がいい会社であると思えること、健康であること、などが仕事を行う際の動因として大きな意味をもっている。当然のことであるが、退職後の生活についても関心がでてくる。

　働く人びとだけでなく、企業側としても、このようなキャリア・ステージの考え方を知ることが大切である。そして、従業員がどのような構成になっているかを認識しつつ、キャリア開発を支援する必要がある。初期キャリアのウェイトが大きいとすれば、仕事の学習と達成（業績）を中心にした人材マネジメントを構築しなければならない。逆に、組織の中高年齢化がすすんでいるとすれば、中期キャリアや後期キャリアの特徴をふまえた対応が必要となる。

(5)「キャリア・プラトー」への対応

　「プラトー（plateau）」は、山の頂上を意味している。このことから**キャリア・プラトー**とは、企業のなかでこれ以上昇進（プロモーション）できない頂上となるような地位（ポジション）まで到達していることを示している。仕事がかなりできる人間でも、昇進できなくなることである。企業の組織はピラミッドの形をとっており、上方に行くほどポジションが少なくなる構造になっている。ほとんどの人は部長、課長、あるいは係長といった地位以上には昇進することができなくなる。そして、営業部長まで昇進したいと思っていたとしても、課長にしかなれないかもしれない。

　仕事ができなくて昇進できないのは、あたりまえかもしれないが、プラトーの問題点は、仕事ができても昇進できないことであり、企業のなかで働く人びとの多くはこのような人間である。そして、組織で働く人びとにとって、プラトーは宿命であることを知る必要がある。

　キャリア開発の視点からいえば、仕事ができる状態を維持・発展させることが大切である。仕事ができないことは、その個人にとって不幸であるだけでなく、企業にとっても損失となる。現在から将来にわたって仕事ができる状態をつくりだすことが企業側のサポートにはもとめられる。つまり、働く側には自己啓発が必要であるが、企業側もサポート体制を整備しなければならない。

　マネジャーには昇進できなくても、専門職のキャリア・パスにより、仕事を続け、ある時点で転職し、新たなチャンスをいかして働くこともできる。もちろん、これまで働いてきた企業で仕事を継続することも可能であるが、転職によって、これまで以上に自分を活かすことができるかもしれない。　かつて日本では、転職は必ずしもいいイメージ*ではなかったが、このような観点でいえば、前向きのものなのである。

3　これからのキャリア開発

（1）個人と企業の双方に求められるキャリア開発志向

　キャリア開発を重視することが、働く人びとにとっても企業にとってもますます今後大切になる。彼・彼女らが過去から現在、そして将来にわたって仕事ができ、職業生活をよりよく送るために、キャリア開発が重要になることに注意しなければならない。

　企業は働く人びとの貢献により、その目標を達成しているのであるから、人びとが仕事を確実に遂行でき、職業生活を良好に送っていることが、その前提となる。仕事の遂行能力が低下したり、毎日の職業生活が充実していないとすれば、企業は目標を達成できなくなってしまう。そのため、キャリア開発の支援がどうしても必要となる。

（2）学生時代からのスタートを！

　キャリア開発は、企業に雇用されてから始めるのではなく、学生時代からスタートすべきであろう。学生で、社会人経験のない場合、"プレキャリア"（キャリア前の人びと）といわれるが、学生時代にキャリアへの準備を行うことが必要である。大学は「キャリア開発」、「キャリア・デザイン」などの科目を開講し、就職部に代わってキャリア支援センターなどを設置している。つまり、「キャリア開発」教育の動きは学校教育においても行われ、キャリアをスムーズに開始できるようにしている。

　また、「インターンシップ」も企業をはじめとして、行政組織などで行われているし、ボランティアでＮＰＯや地域の活動に参加するプログラムも実施されている。いろいろな経験をすることが、仕事をしたり、生きていくためには大切であるが、このようなプログラムは能力開発だけでなく、キャリア開発にも役立つものなのである。

《コラム》

女性役員4名を誕生させた、大和証券グループ

　2009年4月に大和証券グループは、40代の女性役員4名を誕生させている。新人社員の半数以上が女性であるが、経営陣ではほとんどが男性であったので、社内外に反響を呼んだ。生え抜きの社員であるため、女性にとってはキャリア上のモデルになることであろう。

NOTE

〈Chapter 11〉　やってみよう（*Let's challenge*）

(1)　本章の講義を聴いてあなたが学習したことを記してみよう。

(2)　以上の内容を5行以内で要約してみよう。

(3)　前記の要約のなかで重要なキーワードは何ですか？　列挙してみよう。

〈Chapter 11〉　　　　　　やってみよう（Let's challenge）

(4) 理解できましたか？　つぎの言葉の意味を記してください。

① キャリア・アンカー

② 中期キャリア

③ キャリア・パス

(5) 考えてみよう。企業はなぜ、近年において、キャリア開発を支援しなければならないのか。

(6) 筆者のつぎの文章を読み、あなたの「四事」、「志事」について説明してください。

> 仕事には、4つのこと（事）つまり「四事」が大切です。ひとつは、自分が過去に行ってきた事（業績、実績、did）、ふたつめは、自分ができる事（能力やスキル、can）、みっつめは、自分がやりたい事（願望、夢、want）、そして、最後は、周囲（職場や家族など）から期待されている事（期待、should）です。
>
> 仕事には、ほかに「志事」つまり、目標やビジョンをもって行うことがあります。もちろん、けっして仕事をやりすぎて「死事」にならないでほしいと思っています。
>
> （齊藤毅憲）

⟨Chapter 11⟩　　　　　　　やってみよう（Let's challenge）

(7) （　　　　　　　　　　　　　　　　　　　　　　　）について調べてみよう。

LAW　知ってトクする法律⓫

待遇改善をもとめた改正パートタイム労働法！

　2008年4月、パートタイム労働者がその能力をよりいっそう有効に発揮することができる雇用環境を整備するために、パートタイム労働法（「短時間労働者の雇用管理の改善等に関する法律」）が改正された。同法の対象は、「正規社員」の1週間の所定労働時間に比べて短い労働者で、「パートタイマー」「アルバイト」「嘱託」「契約社員」「臨時社員」「準社員」など、呼び方は異なっても、この条件に当てはまる労働者はすべて対象となる。
　改正法では、パート労働者の待遇を正規社員と均衡させるため、「正規社員と同視すべきパート労働者」の待遇を差別的に取り扱うことが禁止される（改正法第8条）。具体的には、職務、人材活用の仕組み、契約期間の3つの要件が正規社員と同じかどうかにより、賃金、教育訓練、福利厚生などの待遇の取扱いをそれぞれ規定している。
　　　　　　　　　　　　　　　　　　　　　　　　　　　　　　　　　　（伊藤健市）

Part 5

働く人をいかに評価し報いるのか

Chapter 12
人事評価にはどのような方法があるのか

《本章を読むとわかること》 人事評価は、社員の昇進・昇給だけではなく、能力の育成・開発にも使われているが、社員を集団的に処遇する時代から個人的に処遇する時代へと移行するなかで、人事評価の公平性・客観性・透明性・納得性の担保が大きな課題となっている。本章を学習すると、人事評価の意義と役割、その変遷および現代的課題が理解できる。

1 人事評価の意義

　人事評価とは、社員の人事情報を収集・整理し、それを会社が設定した基準に照らして評価する制度である。人事情報には、学歴・勤続年数・性別・家族構成のほか、本人の能力に関する保有資格・社内研修とその成績、過去の勤務状況を示す欠勤・休職・異動などの記録、現在の資格等級と給与などがある。人事評価とよく似た言葉として**人事考課**がある。厳密にいえば、上司が部下の日常業務を評価する人事考課と、社外の第三者がかかわる「**人材アセスメント**」や「**360度評価**」などの人事評価とは区別されるべきだが、ここでは両者を人事評価として扱う。

　人事評価の目的は、①社員の能力・適性の評価、②それにもとづく教育訓練・能力開発、③処遇（給与、賞与、昇進など）を決定するための判断材料の提供、にある。

　人は自分の仕事を認めてもらいたいという承認欲求をもち、それに動機づけられる（Chapter 4 を参照）。その意味では人事評価は社員の**モチベーション**とも大きく関係している。そのため、設定された基準で社員の仕事ぶり・働きぶりを公平に評価し、誰が評価しても客観的に同じ結果となり、透明な手続きを踏んで処遇に反映させ、最終的に被評価者の納得を得ることは、組織の活性化を図るうえでも必要不可欠なことである。

　これまでの人事評価は「**査定型**」で、その結果は極秘情報であったが、最近は「**育成型**」へと変化し、個人情報保護法の範囲内で評価結果を本人に**フィードバック**する企業がふえている。さらに、失敗をきびしく評価する**減点主義**で出世競争から社員を落とすやり方から、きびしい経営環境を生き抜くために**加点主義**で革新的な方法に

チャレンジする意欲を引き出す方法へと変化している。

2 人事評価の体系

　人事評価が客観的かつ公正に行われるためには、なにを基準に評価するのか、つまり評価基準の明示は必須の要件である。

　①**能力評価**　——　人事評価の最適基準は、企業収益への貢献度、個人の業績である。ところが、「**日本型雇用システム**」の特徴は人を仕事（職種・職務）で雇用しない点にあった（Chapter 1を参照）。個人の仕事の範囲が特定されていれば業績を基準に評価できるが、集団で仕事を遂行したり、社内で異動させる場合には、能力が最適基準となる。能力評価が日本企業の人事評価の中核を担ってきたのは、このような理由による。

　能力評価でいう能力とは、天性の知性・体力に学習・経験を通して身につけた知識・技能（スキル）など、仕事（職務）を遂行する上で役に立つものの総称である。具体的には、**テクニカル・スキル**（基礎知識、職務知識、技能など）、**ヒューマン・スキル**（表現力と折衝力、指導力と管理力など）、**コンセプチュアル・スキル**（理解力・判断力と決断力、工夫力と改善力、計画力と企画力など）で評価される。

　②**業績評価**　——　能力評価の対象である能力は目にみえるものではない。もちろん、テストなど可視化する方法もあるが、職務遂行に必要な時々刻々変化する能力を判定するテストなど考えられない。そこで、能力の存在を客観的に判断する指標が必要になる。これまでは、学歴・年功、業績などが指標として考慮されてきた。**年功主義**のもとでは学歴・年功が、能力主義のもとでは業績が指標となった。日本の企業では、人の評価はあくまでも能力評価であり、この能力評価は客観的な指標である業績評価を媒介に行われてきたのである。現在、業績評価は、後でとりあげる「**目標管理**」で行われている。

　③**情意評価**　——　業績は、すべての社員に関係する企業を取り巻く経営環境や、仕事に取り組む姿勢によって大きく左右される。仕事に取り組む姿勢は、個々の社員に関係し、しかも短期で変化する。業績はこの社員が仕事に取り組む姿勢に大きく影響される。これを評価するのが情意評価で、具体的には、規律性、積極性、協調性、責任感などが評価される。

　④**行動能力評価**　——　行動能力とは「**コンピテンシー***（competency）」、つまり**高業績者（ハイ・パフォーマー）**がもつ行動特性のことである。行動能力の評価は、能力評価の客観度を高めたものとして利用されている。それは、目標達成に向けた具体

的行動（自律性やスピードを促す行動）に着目し、保有能力をいかに業績に結びつけたかを評価する。過去の業績の精算である業績評価にたいし、将来生みだす業績の指標と位置づけられている。

3 評価者と被評価者

　人事評価の目的が査定（被評価者の処遇の決定）であれば、直属上司を含めた上司が行うのが最適である。この場合、複数の上司が評価するのであれば、評価の客観性を担保し被評価者の納得性を高めるためにも、**評価（考課）者訓練**が必要になる。

　一方、人事評価の目的が被評価者のもつ能力の育成・開発であれば、上司だけでは不十分である。それには、被評価者を取り巻く人びとが行う「**360度評価（多面評価）**」がある。具体的には直属の上司、関連部門の上司、同僚、部下、顧客など複数者による評価で、客観性・公平性を高める方法である。この場合、評価者訓練の必要性はこれまで以上に高くなる。同僚や部下からの評価は、上司とは違った観察眼で評価するものであり、ありのままの自分に「気づく」機会を提供してくれる。

　評価には、「**相対評価**」と「**絶対評価**」がある。同じ職場の複数者の間で対人比較で能力の序列づけを行うのが相対評価である。だが、相対評価の場合、職場が違えば同じ人の評価であっても変わる場合があるなど、明確な評価基準がないことから客観性の確保がむずかしい。これにたいし、絶対評価は明確な評価基準に示される期待度に照らした評価である。序列づけはむずかしいが育成・開発すべき能力の発見には最適である。

　人事評価では、被評価者の納得を得ることが必要となる。それには、本人への**フィードバック**が最適である。被評価者に評価結果を示し、サインをさせることで、被評価者のモチベーションが下がらないよう工夫している事例もある。

　人事評価が主として上司による職場での評価であるのにたいし、社外の専門家に評価を依頼するのが「**人材アセスメント**（human assessment）」である。人材アセスメントでは職場を離れた場所（「アセスメントセンター」と呼ぶ）で観察することから、職場では見出せない能力を多面的・多角的に評価できる。一般的には、状況把握力、判断・決断力、イニシアティブ、対面影響力などが評価される。

4 人事評価の変遷

（1）年功的資格制度と人事評価

　「**年功的資格制度**」とは、学歴・勤続年数・性別などの属人的な要素を基準とした

資格制度であり、そこでの人事評価は職務の重要性よりも、学歴や勤続年数などが決定要因となっていた。それは、主として給与を決定する際の査定資料として使われた。そこでは、年功や学歴が評価の主役となり、同一学歴・同一勤続であれば同一の処遇をするという考え方が基調となっていた。

年功的資格制度のもとでの能力評価は、管理職への登用に当たって不適格者を除くといった消極的な使われ方に始終していた。なによりも、資格と役職位がリンクするため数に上限のある役職に就けず、昇格・昇給できない者のモラールダウンを引き起こすなど、学歴・勤続年数中心の管理は行き詰まり、やがて変化を余儀なくされた。

(2) 職能資格制度と人事評価

「**職能資格制度**」でいう職能(職務遂行能力)とは、職務の遂行を通じて発揮される能力(**発揮能力**)と職務遂行上発揮が期待される能力(**期待能力**)のことで、職務関連能力の総称である。職能資格とは、仕事の困難度・責任度の段階区分を基礎とした、職務遂行能力の発揮度・期待度の段階区分のことである。職能資格制度では、職能資格ごとに資格要件、つまり仕事を遂行する際に必要な知識・技能(スキル)の種類と程度が設定され、この基準にもとづいて処遇が行われる。同制度のもとでは、役職位と資格がリンクせず、定員のある役職に就かずとも定員のない職能資格等級で昇格すれば昇給できることから、年功的資格制度が抱えていた矛盾をクリアーでき、社員はより高い評価点をもとめて自主的・自発的に能力開発に向けて努力するものとされた。

職能資格制度では、能力評価が人材の配置、異動、昇進、昇格・昇給などに大きく関与することになった。年功的資格制度のもとでの人事評価は、給与・賞与の決定を強く意識する**査定型**であったため、社員の能力開発への意識づけ、つまり育成面が弱いというデメリットをもっていた。そこで、職能資格制度のもとでの人事評価は、公平・公正な処遇への反映と、能力開発にたいする評価の有効活用をめざして、多くの企業で具体的で、納得性があり、オープンで、**育成型**、**チャレンジ型**、**本人参画型**の制度への移行が図られた。もちろん、評価基準は各人に公開され、評価結果も本人にフィードバックされるものとなった。

だが、職能資格制度自体がつぎのような問題点を抱えていた。①能力の向上によって高度な仕事に就き、その結果昇給するはずが、能力向上が昇給に直結するものとなってしまった。②仕事と離れた潜在能力の評価が中心となり、長期勤続が教育と経験を媒介に能力向上につながるとされた。③昇格が上位の職能要件に照らす方法(**入学方式**)ではなく、同一資格での滞留年数で自動昇格する方法(**卒業方式**)がとら

れ、年功的運用に陥ってしまっていた。かくして、年功的資格制度も職能資格制度も、年功的運用という面では大差はなかったのである。

(3) 職務（役割）等級制度と人事評価

「**職務等級制度**」は、職務の価値を困難度や責任度で段階区分し、これを基準に処遇を行う制度である。第2次世界大戦後の一時期日本の企業にも導入されたが、仕事（職務）で雇われていないことからその運用が危ぶまれ、さらに当時にあっては能力の伸張を長期的にみることで異動の柔軟性などが確保しやすいと考えられ、定着しなかった。

しかし、職務の専門化や業務遂行体制のグローバル化がすすむ現在、部門・職種ごとの職務内容の差異が拡大し、全職種に一律の基準で評価できないという事態に多くの企業は直面している。また、社員の間からは、職能資格制度のもとでの能力評価は抽象的で、客観性・納得性に欠けることから、アウトプット（業績や成果）での評価をもとめる声もあがっている。

規制緩和・グローバル競争のもと、優秀な社員の採用・確保には社員自身が満足する処遇制度の構築は避けられない。職能資格制度は、こうした事態に十分対処し得ず、職種によっては給与水準に市場競争力がない、つまり優秀な社員を引き留めておけないという事態まで生まれた。そこでもとめられたのは、仕事の役割と業績を基準とした「**役割等級制度**」であった。

役割等級制度は、年功的資格制度や職能資格制度が社員の能力に比重を置いた「**人（ヒト）基準**」であったのにたいし、職務に焦点を合わせた「**仕事基準**」である。この仕事基準という面では、職務等級制度と同じようにみえるがそうではない。役割等級制度のもとでは、職務に注目しつつも、その職務を通した社内での役割の価値が評価される。人事評価の対象は職務の価値であったとしても、誰がそれを担当するかにより**役割価値**が違ってくる。つまり、職務自体の価値が、それを担当する者の能力や専門性といった属人的な人基準にも影響を受けるのである。

また、役割を職務と**職責**からなるものとする場合もある。職責とは、職務上の責任権限に加えて、成果を上げるために担当職務をどのようなプロセスで遂行するのか、さらには部下の育成をどう進めるのかなど、職務遂行以外に課される期待が含まれるのである。

役割等級制度のもとでの人事評価は、**目標管理**にもとづく業績評価と能力評価に代わる**行動能力評価**が中心となる。管理職では業績評価のみであり、一般職では業績評価と行動能力評価の組み合わせとなる。ただし、**賞与**に関しては、多くの企業で業績

評価のみとなっている。一般職で使われる行動能力評価は、人材育成・能力開発の際の重要な判断材料の提供と位置づけられる場合が多い。一般職には業績だけでの評価ではなく、能力の伸張をも評価の対象としている。管理職は仕事基準だけだが、一般職は仕事基準と人基準の組み合わせなのである。

5 目標管理と人事評価

　仕事基準の職務等級制度と役割等級制度では、人事評価の中心は業績評価となる。業績評価は「**目標管理**」で行うのが一般的であり、それは職能資格制度に代わって企業経営の根幹をなす制度と位置づけられている。

　目標管理は、「目標を通じた自己統制によるマネジメント（MBO）」である。それは、**ドラッカー***（Drucker, P. F.）が『現代の経営（*The Practice of Management*）』（1954年）のなかで強調した考え方である。個人目標と組織目標を統合することで、組織目標の達成と個人の仕事の上での欲求充足（自己実現の達成）を結合させ、命令や統制によらずに組織と個人の一体化を図ろうとするものである。それは**マグレガー**のY理論を基本に置いている（Chapter 4 を参照）。

　具体的には、1年を単位に、期初に社員が自身の目標を上司と面談（目標面接）した上で設定し、期末でその達成度が評価される。期央で目標を修正する場合もある。社員は、自主的に目標達成に取り組み、成果（業績）の自己評価などを通してモチベーションを向上させる。目標は、全社・各部門の方針・目標に沿いつつ、個人別に設定される業務目標（売り上げや新規顧客獲得数など）だが、管理職には部下の育成といったものも含まれる。

　個人別項目には、目標値（成果責任、アカウンタビリティ*）として具体的な数値を上げられるものとそうでないものが含まれる。それぞれの目標は全体で100％になるようウェイトがつけられ、評価ごとに決まっているポイント（最高の評価であるS評価なら150ポイントなど）に各自が設定したウェイトを乗じて評価点を算出し、評価点の合計で最終評価が決定される。チャレンジ型の目標管理では、目標を能力よりも若干高めに設定する。

　目標管理を使った業績評価は、基本的には目標の達成度を基準とするが、そこに至るプロセスも対象となる。また、先にとりあげた**360度評価**によって、評価の公平性・客観性・納得性の確保が図られる。そのためには、評価（考課）者訓練のみならず被評価者を対象とした訓練も必要となる。なによりも、評価にたいして被評価者が意見をいえる仕組みと、評価面談への第三者（労働組合を含む）の関与が重要となる。

NOTE

〈Chapter 12〉 やってみよう（*Let's challenge*）

(1) 本章の講義を聴いてあなたが学習したことを記してみよう。

(2) 以上の内容を5行以内で要約してみよう。

(3) 前記の要約のなかで重要なキーワードは何ですか？ 列挙してみよう。

〈Chapter 12〉　　　　　　　やってみよう（Let's challenge）

(4) 理解できましたか？　つぎの言葉の意味を記してください。

　① 職能資格制度

　② 役割等級制度

　③ 目標管理

(5) 考えてみよう。あなたが考える評価とはどのようなものですか。とくにあなたが気になっているものを明らかにしてみよう。

(6) つぎの文章の内容について、あなたはどのように考えますか。

> 人事評価は、会社主導のもとで行う人事制度である。業績評価を中心に、昇進・昇格・昇給のみならず降格・降給、最悪の場合解雇するための基礎資料の作成がその目的である。個人情報の保護の観点からも決して公開してはならない。評価者は上司に限り、部下を厳しく査定するのが上司としての務めである。最後に、本人のみとの面談を行い、結果のみを知らせ、サインさせれば完了である。

〈Chapter 12〉　　　　　　やってみよう（Let's challenge）

(7) （　　　　　　　　　　　　　　　　　　　　　　　　　）について調べてみよう。

LAW　知ってトクする法律⓬

「退職」と「解雇」のちがい

　退職につながる定年については「高年齢者雇用安定法」で60歳を下回る定年の設定が禁止され（8条）、65歳までの高年齢者の雇用確保措置（具体的には定年の引き上げ、継続雇用措置、定年の廃止のどれか）を講じることが使用者には義務づけられている（9条）。
　他方、解雇に関してとくに厳しい条件がつけられている。労働基準法では、30日前の予告か、それに代わる予告手当の支払いが義務づけられ（20条）、労災治療中あるいは産前産後の休業中の従業員の解雇は禁じられている（19条）。責任が従業員にある場合は、解雇予告や予告手当を支払わずに即時解雇される場合がある。一般に、客観的で合理的な理由がなく、社会通念上認められない解雇は、解雇権の濫用として無効となる。解雇の合理的理由としては、仕事ができなくなった場合、勤務成績が不良の場合、仕事への適格性がない場合、職場の秩序を乱した場合、使用者の経営上の理由などがある。とくに、使用者の経営上の理由の場合は「整理解雇」と呼ばれる。　　（伊藤健市）

Chapter 13
どのような給与制度が「やる気」を引き出すのか

《本章を読むとわかること》 給与（賃金）は、働く側からすれば日々の生活を支えるものとしてふえてほしいが、企業からすれば社員のモチベーション（やる気）をあげつつも人件費としてはできるだけ減らしたいものである。本章を学習すると、日本企業の給与が、労使関係の変遷のなかで、年功主義型→能力主義型→成果主義型へと変わってきたことが理解できる。

1 給与の意義

　社員（有給の役員を含む）を雇用するのにかかる費用を「**総額人件費**」あるいは総労働費用と呼んでいる。それは、現金給与と現金給与以外のものに大別される。前者は、**所定内給与**（基本給と諸手当）、**所定外給与**（残業手当や休日出勤手当）、**賞与**（ボーナス）で構成される。後者には、健康保険・介護保険・雇用保険など法律によって義務づけられる**法定福利費**、福利厚生にかかる**法定外福利費**、退職金、募集・教育訓練費、現物給与などが含まれる。総額人件費は所定内給与の約1.7倍程度になる。企業は総額人件費をその支払い能力内に収めようとするし、社員は労働分配率を高めて少しでも豊かな暮らしを実現したいと願う。ここに労使のせめぎ合いが生じる。

　給与には、支払い形態別にみると、出来高給*、歩合給*、時間給、日給、週給、月給、年俸給がある。給与（基本給）がどのような要素で決定されているかをみると、生活給*、年齢給*、年功給、職務給*、職能給*、成果給*、業績給*、役割給*などがある。生活給や年功給のことを**属人給**と呼び、それ以外を**仕事給**と呼ぶこともある。近年、給与が固定費*化するのを避けるため、属人的な要素をできる限り削り、仕事上の要素をふやすことで変動費*化させる傾向が強まっている。

　給与の果たす役割は、①社員の生活を支える、②社員のモチベーションをあげる、③労使関係の安定を図る、という3点にある。社員の立場からすると①と②が重要であり、企業の立場からすると②と③が重要である。どのような給与制度（給与の支払い方）のもとで働くか、あるいは働かせるかは、その時代の社会的背景や企業を取り巻く経営環境、なによりも企業のもとめる人材像に大きく左右される。

2　年功主義と年功給

(1)　電産型賃金

　第2次世界大戦後、日本の給与制度の出発点は、日本電気産業労働組合（電産）が勝ち取った「**電産型賃金**」であった。これは、本人の年齢で決まる「本人給」と家族数に応じた「家族手当」を合計した「生活保障給」（給与の7割弱）、経験や技能（スキル）にもとづく「勤続給」と「能力給」（2割強）で構成されていた。それ以外に地域手当や特殊勤務手当などが付加されていた。この電産型賃金は、**理論生計費***にもとづく生活給的色彩の強い給与であり、当時の労働組合運動の高揚のもとで、他の多くの産業にも普及した。

　だが、企業の側からすると、電産型賃金の基本給がほぼ本人の年齢で決まるため、企業業績と関係なく人件費が固定化し、かつそれが年々ふえるものとなる。さらに、能力給部分もあったが名目的なもので能力の育成や発揮が給与に反映されないことから、社員のモチベーション向上に寄与しないという問題点を抱えていた。

(2)　年功主義の意味

　年功主義は、戦後の高度成長期の働き方・働かせ方を支えた考え方であった。それは、学歴・勤続年数・性別を基準（年功的資格制度）に人を選抜し、任用し、処遇することで労使関係の安定を図るものであった。当時にあっては、終身雇用のもと、勤続年数と年齢との間には相関関係があった。

　年功主義にもとづく管理が**年功主義管理**で、社員を正規社員かどうか、学歴、採用形態（定期採用か中途採用か）、入社年次（卒業年次）、性別といった属人的な基準で階層化し、査定型の人事評価と部長や課長といった役職位（ポスト）に応じて支給される職位給のもとで出世競争に駆り立てる仕組みであった。年功主義管理は、年功中心的、学歴中心的、没個性的、集団的な管理と特徴づけられる。

(3)　年功給とその限界

　年功主義にもとづく給与を一般に**年功給**と呼んでいる。年齢や勤続を重ねるなかで経験や仕事への習熟度が増すことを給与に反映させるものである。それは**学歴別初任給**と**定期昇給（定昇）制度**を軸とする。前者は、初任給を学歴別に階層化し、なおかつそれに差をつけることで総額人件費を抑制する仕組みである。後者は、査定型の人事評価の結果によって給与があがる仕組みであった。査定結果が悪くても、賃金カーブの押し上げによる**ベース・アップ**（ベア）で昇給していた。

　年功給のもとでは、ほぼ毎年給与は右肩上がりにあがることから生活給的な性格も

有していた。この点では労働組合にとっても受け入れやすい給与制度であった。しかし、一定の年齢に達すると賃金カーブの勾配が緩やかになる。そのため、給与をあげるには部長や課長などの役職に就かなければならない。社員は、そうした役職位をめざして競争（**出世競争**）するが、それには定員があることからこの競争の敗者はモチベーションを下げてしまうおそれもあった。

　年功給は、その特徴から社員の精神的安定や企業帰属意識・企業忠誠心を高めるものであり、属人給的性格が強いことから職種転換や配置転換など社員を柔軟に活用できた。しかし、労働力不足、高学歴化、高齢化、技術革新の進展、高能力な中途採用者の増加、なによりも企業規模拡大のペースの下落で役職位数の伸びが停滞する事態になると、社員のモチベーションをあげる別の仕組みが必要となった。

3　能力主義と職能給

(1) 能力主義

　労働力不足（優秀な人材の減少）、資本自由化、経済の国際化といった経営環境のなかで、**能力主義**が導入された。それは、「労働者一人一人の能力を最高に開発し、最大に活用し、かつ、学歴や年齢・勤続年数にとらわれない能力発揮に応じた真の意味における平等な処遇を行なうことによって意欲喚起を重視し、もって少数精鋭主義を目指す」（日本経団連『能力主義管理』1969 年、発刊のことば）ものであった。

　能力主義にもとづく管理が**能力主義管理**で、「従来の学歴・年齢・勤続年数などを基準とする年次別、属人的マス管理、処遇から、各個人の適性を発見し、能力を開発し、それを学歴や年齢、勤続年数などにとらわれず、適材適所主義にもとづいて活用・処遇していくという、能力別、職務主義を基準とする個別管理に変えていこうとする」（同上書、序言）ものである。

　能力主義管理の目的は、ハイタレント（高能力）な人材を優遇し、インセンティブを与え、その創造的能力を開発し、それによって新技術・新製品・新市場を開拓すること、さらには社員が自己責任で行う能力開発や仕事への意欲を喚起することにあった。また、職務重視（職務主義）のもと、職務のもとめる能力を分析し、能力に見合った人材を発見し、その能力を開発することを特徴としていた。

(2) 職能給

　年功給は一定の年齢まで右肩上がりの賃金カーブを描くが、役職位に就かない限り大幅に給与があがることはない。高度経済成長下で企業規模が拡大し、役職位がふえている時には問題ないが、安定成長の時代になると年功給は企業の足枷となった。役

職位に就けず、給与があがらない社員のモチベーションが下がってしまったのである。さらに、**年功給**のもとでは能力の向上が処遇に反映されない。学歴・性別の差が労働人生を通してつきまとうのであるから、能力向上への努力が報いられるのはわずかであり、多くの社員のやる気をそぐ面も持ち合わせていた。

こうした年功給の抱える限界を打ち破るために導入されたのが、職能資格制度にもとづく**職能給**であった（Chapter 12 を参照）。職能給の最大の特徴は、職能資格と役職位とを切り離した点にある。つまり、役職位に就かずとも、職能資格等級があがれば（昇格すれば）、役職位に就くのと同様大きく昇給するのである。役職位には定員があるが、職能資格等級にはない。昇格するには、職能資格基準で示された能力を自主的・自発的に、あるいは社内の研修を通して育成・開発し、評価してもらえばいいので、本人の努力は報われる。この点は、ハイタレントな人材、創造的能力をもつ人材を希求する企業の要請とも合致する。さらに、一定資格までは年齢給と職能給を組み合わせることで年々昇給していた。それに加えて、同じ職能資格等級に留まっていたとしても、人事評価の結果によっては等級内に複数設定された号俸があがり、結果として昇給できたため、社員や組合の納得も容易に得ることができたのである。

（3） 職能給の限界

職能給の限界は、職能資格制度の年功的運用という点に帰着する。その原因が職能給自体にあるかどうかで、つぎにとるべき給与制度は違ってくる。日本経団連の『**新時代の「日本的経営」**』（1995 年）では、職能給には問題がない、年齢給や本人給と組み合わせたのが悪かったのであり、その面を取り除き、職能資格制度の年功的運用を止めれば、職能給は十分に活用できるという立場をとっていた。この報告書の目的は、職能資格制度の再構築による能力主義の強化にあった。

その後、日本経団連の『**経営のグローバル化に対応した日本型人事システムの革新**』（2000 年）では、職能給の設計にミスがあったという論調が出てくる。そこでは、「どうやって能力を測ればいいのか」という問題が提起されている。能力を可視化するのは業績であることを Chapter 12 で指摘したが、この報告書でも、「能力が最も顕著に現れるのは仕事の『成果』」（25 頁）を通してであり、「成果の大きさ、度合い、成果をあげるスピード、成果の連続性などに持てる能力の差」（同上）が現れると主張している。そして、「能力を測る手法、基準として『成果』を取り入れることで、能力主義と成果主義の統一」（同上）を図ることが望ましい。こうした視点から、職能給は「能力を何で測るかという具体的な手法、基準を欠いていたために年功的な運用に陥った」（25～26 頁）と結論づけていたのである。

NOTE

4 成果主義と多立型の給与

(1) 成果主義

成果主義の特徴を年功・能力主義との対比で浮かび上がらせよう。①年功主義では貢献度の評価を長期、能力主義では能力の伸張ということで1～2年とするのにたいし、成果主義では短期（月、四半期、半期）で評価する。②年功主義では能力は加齢とともに伸びるとし、能力主義では**発揮能力**としながらも**潜在能力**に注目し、年功的運用に陥ったのにたいし、成果主義では成果に直結する発揮能力を評価する。③年功・能力主義とも能力開発を意図していたのにたいし、成果主義ではオンタイムで必要な能力の確保を図る。④年功・能力主義とも長期的・安定的に能力を活用するのにたいし、成果主義では個々の時点で能力を最大限活用する。⑤年功主義の長期的処遇（終身雇用や退職金）、能力主義の中期的処遇（昇進）にたいし、成果主義では迅速な処遇（ボーナス・インセンティブ給）が重視される。⑥年功・能力主義とも集団を重視するが、成果主義では個人の成果・能力・意欲を重視する。⑦年功主義の経験、能力主義の能力にたいし、成果主義は職務・役割の価値を評価し、処遇の基本とする。

(2) 多立型の給与

企業がグローバル競争を生き残るには、優秀な人材の発掘・確保と適材適所の配置が必要である。グローバル化のもとでは人材獲得競争が世界規模かつ熾烈なものになるため、優秀な人材の定着には個人業績の正確な把握と迅速な処遇への反映がもとめられる。しかし、これまでの年功給・職能給のもとでの処遇にたいする公平性・納得性の欠如、昇進・昇給の遅さでは優秀な人材の定着はむずかしい。こうした考えのもと、産業界は日本経団連を中心に成果主義への移行を叫んだ。それとともに、日本の労働組合運動の中核を担う日本労働組合総連合（連合）は産業界の主張を容認したし、みずから率先して成果主義の導入を経営側にもとめる労働組合もあった。

成果主義のもと給与をすべて成果給とするのではなく、仕事の内容に応じて給与制度を構築するのが日本経団連の考えで、それを**多立型**と呼んでいる（日本経団連『成果主義時代の賃金システム：多立型賃金体系に向けて』2002年）。この報告書で、仕事は、**定型的職務**と**非定型的職務**のふたつに類型化される。

定型的職務は、「基本的には法律、社内規則・規定、マニュアル、作業標準、社内慣行などに定められた手順・方法や判断により製品やサービスなどの成果物をアウトプットする職務」である。具体的には、加工・組立職務、機械装置の操作職務、狭い範囲の店内営業や接客職務、コンピュータ・データ入力職務などで、職務の価値に準

じて給与が決定される。

　定型的職務はさらに、①完全に職務遂行が果たせる者にしか担当させない職務と、②職務遂行を通じて習熟を図り、習熟によって一定限度生産性を高めていく職務のふたつに分けられる。①については**職務給**のみ、②については「能力・習熟の伸長度合い（成果の度合い）」を**習熟給**として設定し、給与に反映させる。定型的職務では、職務従事者の技能レベル・習熟レベルが同じ場合に給与額は同じになる。また、より高いレベルの職務にあがるか、職務習熟が進展しない限り昇給はない。『**新時代の「日本的経営」**』では、職務給は Chapter 1 で説明した雇用柔軟型グループ向けの給与制度であったが、今後は正規社員にも職務給が適用されることになる。

　一方、非定型的職務とは、「個々人のもつ課題対応能力、人間対応能力、知識、技能により新たな利益につながるシステムの開発や既存のシステムの改善、人事管理、業務管理、組織管理、販売、購買、ソフト開発などを行なう職務」である。具体的には、研究・開発の業務やスタッフの職務である。『新時代の「日本的経営」』で高度専門能力活用型グループとされた「企画、営業、研究開発」などの職務がここに組み込まれている。非定型的職務では、職務遂行の手段や方法は定められておらず、そこには自由裁量的な要素が多いことから成果の質・量は職務の経験や習熟の程度ではなく、社員本人の能力に左右され、結果が出てはじめて成果が確定するのである。

　非定型的職務はさらに、③「職務内容が能力段階に対応してその時々で変わる、企画、調査、各種の折衝・調整などを行なう職務群」である課業柔軟型と、④「経営目的を達成するためにあらかじめ標準化された職位が設定されており、その職務を遂行する能力を有する者を配置する監督、管理、研究開発、訪問販売、ソフト開発、インストラクターなどの職務群」である役割設定型のふたつに分けられる。

　③には職能給、しかも職能の伸長度合いを評価し、昇給させる範囲職能給を適応する。そこでは能力の向上がない限り昇給はない。④には、「職務に課せられている会社業績にたいする責任の大きさ・範囲」「役割遂行の困難度」にもとづく Chapter 12 でとりあげた**職務（役割）等級制度**に準拠する役割給を基本に、成果責任の達成度に対応する成果給で構成する（139 頁の図を参照）。この成果給は、会社業績・個人業績に連動させると同時に、評価期間ごとに決定する「洗い替え方式*」をとる。そこではより価値の高い役割に就かない限り昇給はない。

　「**多立型の給与**」に共通するのは、年功的要素の払拭である。育成期間には少しずつ昇給することはあってもそれ以降はない。一方で、給与の傾斜配分、つまり貢献度の高い社員を手厚く遇し、それによってモチベーションの向上を図ろうとしている。

NOTE

⟨Chapter 13⟩ やってみよう（*Let's challenge*）

(1) 本章の講義を聴いてあなたが学習したことを記してみよう。

(2) 以上の内容を5行以内で要約してみよう。

(3) 前記の要約のなかで重要なキーワードは何ですか？ 列挙してみよう。

〈Chapter 13〉　　　　　　　やってみよう（Let's challenge）

(4) 理解できましたか？　つぎの言葉の意味を記してください。

　① 能力主義

　② 成果主義

　③ 役割給

(5) 考えてみよう。あなたが考える理想の給与制度とはどのようなものですか。

〈Chapter 13〉

やってみよう（Let's challenge）

(6) つぎの図表の情報から、どのようなことがいえるか、記してみよう。

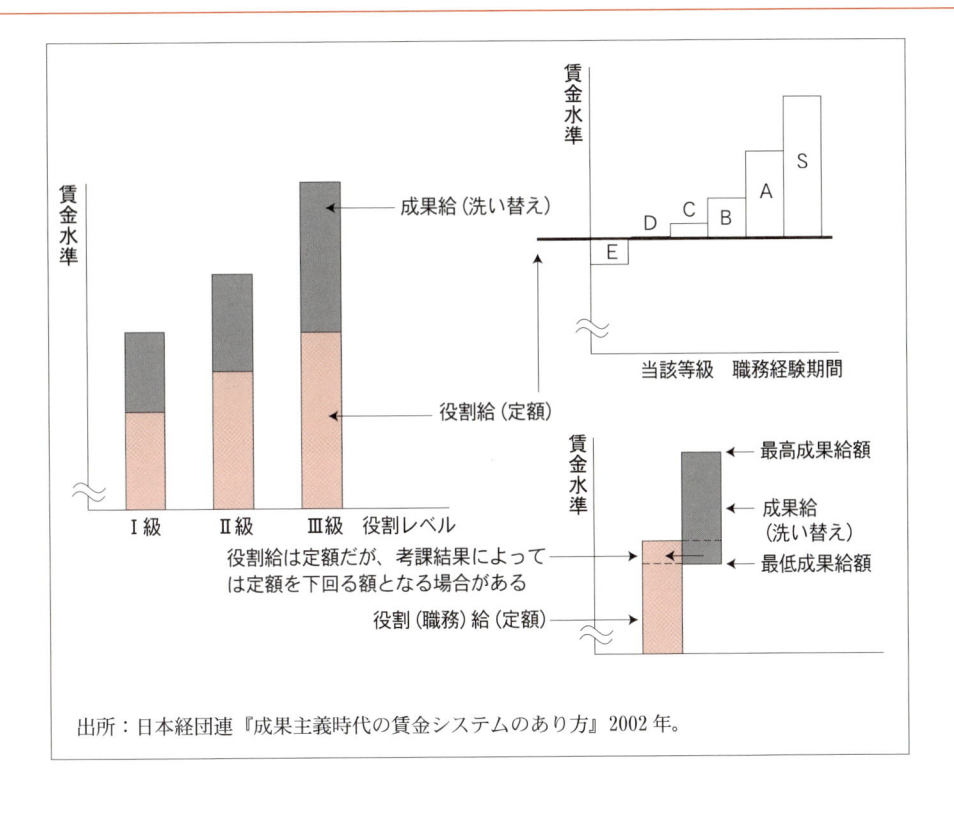

出所：日本経団連『成果主義時代の賃金システムのあり方』2002年。

⟨Chapter 13⟩　　　　　　やってみよう（Let's challenge）

(7) (　　　　　　　　　　　　　　　　　　　　　　　　　　　　　　)について調べてみよう。

LAW　知ってトクする法律⓭

「労使関係」のための法律

　労働基準法のほか労働組合法・労働関係調整法を合わせて、「労働三法」と呼ぶ。「労働組合法」は、働く人びとが会社などとの間で、労働条件などを交渉する際に対等な立場に立たせることで働く人びとの地位を向上させる目的で制定されている。そのために、自主的に労働組合を組織し、団結することを擁護し、労働協約を締結するための団体交渉を促進し、この団体交渉やストライキなどの労働争議における刑事および民事上の免責を定めている。

　「労働関係調整法」は、労働関係の公正な調整、労働争議の予防・解決による産業平和の維持を目的として制定されたものである。この法律では、労働争議を当事者が自主的に解決することを基本原則とする。しかし、解決が困難な場合は、第三者が当事者の主張を調整することで紛争を解決に導く。その際の調整手段が、「あっせん」「調停」「仲裁」である。この調整を行う機関が「労働委員会」（都道府県労働委員会と中央労働委員会）である。　　　　　　　　　　　　　　　（伊藤健市）

巻末資料

〈Chapter 4〉

❶ マズローの欲求階層

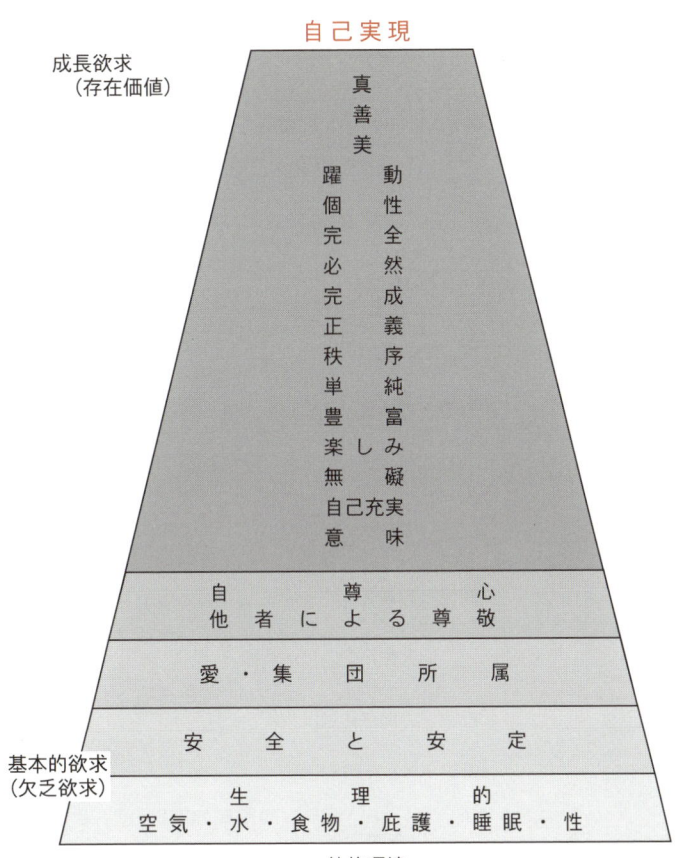

成長欲求
（存在価値）

自己実現

真
善
美
躍　動
個　性
完　全
必　然
完　成
正　義
秩　序
単　純
豊　富
楽しみ
無　礙
自己充実
意　味

自　尊　心
他者による尊敬

愛・集団所属

安　全　と　安　定

基本的欲求
（欠乏欲求）

生　理　的
空気・水・食物・庇護・睡眠・性

外的環境
欲求充足の前提条件
自由・正義・秩序
挑発（刺激）

注：成長欲求はすべて同等の重要さをもつ（階層的ではない）。
出所：フランク・ゴーブル『マズローの心理学』（小口忠彦監訳）産業能率大学出版部、1972年、83頁より一部修正。

〈Chapter 4〉

❷ ハーズバーグの調査にもとづく職務態度に影響する要因

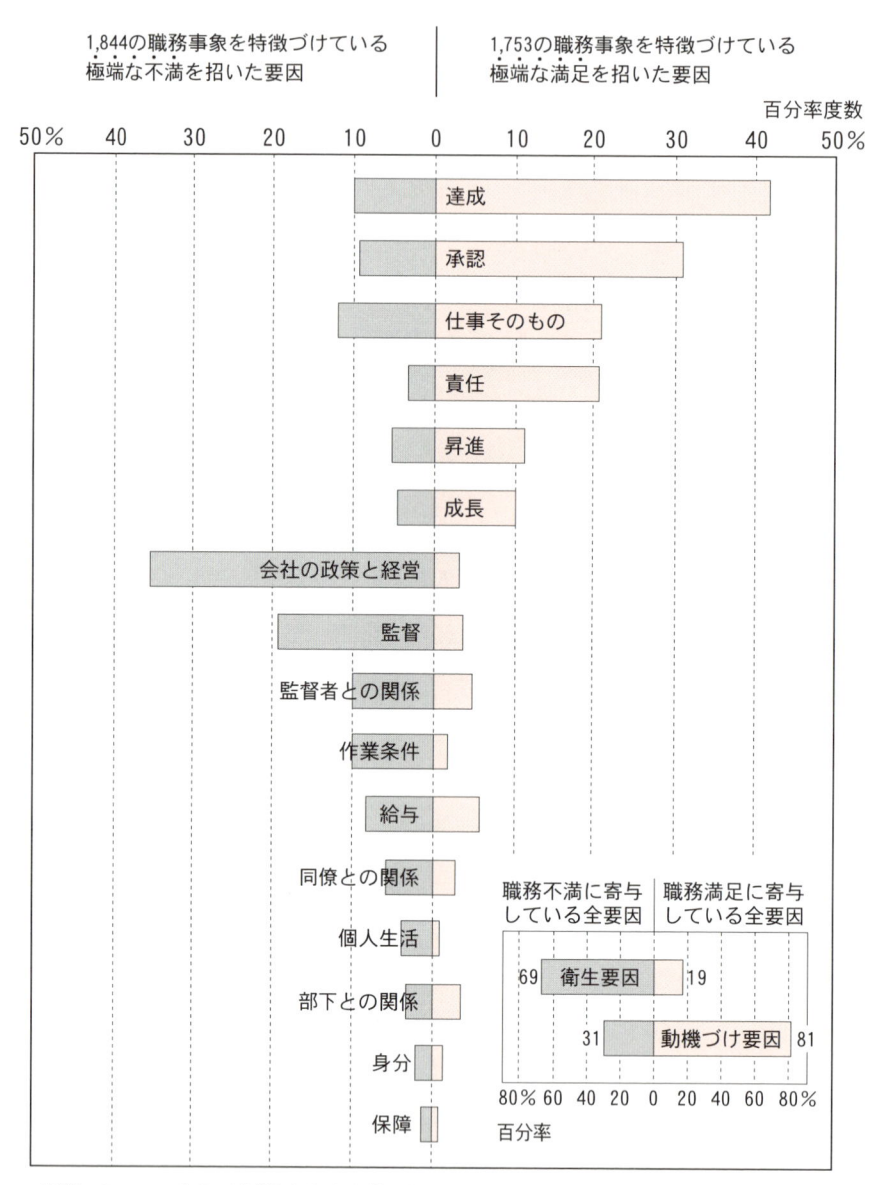

1,844の職務事象を特徴づけている極端な不満を招いた要因 | 1,753の職務事象を特徴づけている極端な満足を招いた要因

要因	
達成	
承認	
仕事そのもの	
責任	
昇進	
成長	
会社の政策と経営	
監督	
監督者との関係	
作業条件	
給与	
同僚との関係	
個人生活	
部下との関係	
身分	
保障	

職務不満に寄与している全要因 | 職務満足に寄与している全要因

衛生要因 69 | 19
動機づけ要因 31 | 81

百分率

出所：F. ハーズバーグ『能率と人間性』（北野利信訳）東洋経済新報社、1978年、87頁。

〈Chapter 4〉

❸ アージリスの混合モデル

本質的特性から離れる	本質的特性へ向かう
1　組織の一部が全体をコントロールする	1　組織全体は全ての部分の相互関係によって創られ、統制される
2　組織を諸部分の加算集合として意識する	2　組織を諸部分のパターンとして意識する
3　組織の諸部分に関連した目標の達成	3　組織全体に関連した目標の達成
4　組織が内的に志向した中核活動に影響出来ない	4　組織が内的に志向した中核活動の欲求に思い通り影響出来る
5　組織が外的に志向した中核活動に影響出来ない	5　組織が外的に志向した中核活動の欲求に思い通り影響出来る
6　中核活動の性質には現在だけが影響する	6　中核活動の性質は、過去、現在、未来によって影響される

出所：C. アージリス『新しい管理社会の探求：組織における人間疎外の克服』（三隅二不二・黒川正流訳）産業能率短期大学出版部、1969年、216頁。

〈Chapter 8〉

❹ コックとフレンチの決定への参加による効果（ホーウッド調査）

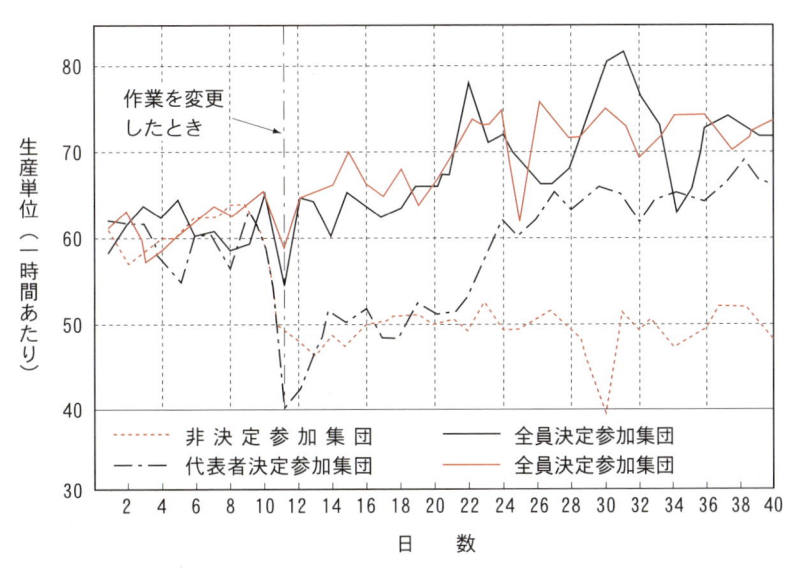

出所：R. リッカート『経営の行動科学──新しいマネジメントの探求』（三隅二不二訳）ダイヤモンド社、1964年、57頁。

〈Chapter 8〉

❺ リッカートの4つの管理システムの組織特性と業務特性

組織に関する変数	システム1	システム2	システム3	システム4
1. リーダーシップ 上役が部下に対してもつ信頼の程度は	部下を全く信頼していない	主人が召使いに対するような恩着せがましい信頼をもっている	信頼はかなりあるが十分とはいえない。また意思決定に際しては統制を保ちたいと望む	あらゆる事柄について部下を十分信頼している
職務についてはどのくらい自由な気持ちで直属上司と話せるか	仕事に関する事柄を上司と話し合うことについて、部下は自由だという感じを全然もっていない	仕事に関する事柄を上司と話し合うことについて、部下はそれほど自由だとは感じていない	仕事に関する事柄を上司と話し合うことについて、部下はどちらかといえば自由だと感じている	仕事に関する事柄を上司と話し合うことについて、部下は完全に自由だと感じている
仕事上の問題を解決する際に、一般に直属上司が部下のアイデアや意見を取り上げ、それを建設的に活用しようとする程度は	部下のアイデアや意見を取り上げることはめったにない	ときには部下のアイデアや意見を取り上げる	通常部下のアイデアや意見を取り上げ、建設的な活用を試みる	つねに部下のアイデアや意見を取り上げ、建設的な活用を試みる
2. 動機づけの力の特性 やる気を起こさせる方法は	恐怖、脅迫、懲罰、ときには報酬	報酬および若干の懲罰の実行ないし予告	報酬、ときには懲罰、および若干の関与	参加を通じての開発。報酬制度に基づいた経済的報酬。目標設定、方法改善、目標への進度の評価などにおける集団的参加と関与
各人が組織目標達成に対してもつ責任感の程度は	経営管理の上層部は責任を感じるが、下層部はあまり責任を感じない。一般従業員が責任を感ずることはほとんどなく組織目標を破壊する機会を待ち望んでいる場合がよくある	経営管理者は通常責任を感じているが、一般従業員は通常組織目標を達成する責任を比較的少ししか感じない	特に上層部においては大部分の人が責任を感じ、一般的に組織目標を達成するために行動する	各層において人々は組織目標達成に真の責任を感じ、その目標をなんらかの方法で履行するために行動する

出所：R. リッカート『組織の行動科学』（三隅二不二他訳）ダイヤモンド社、1968年、8-9頁。

〈Chapter 9〉

❻ フィードラーのリーダーのLPC得点とメンバーの関係

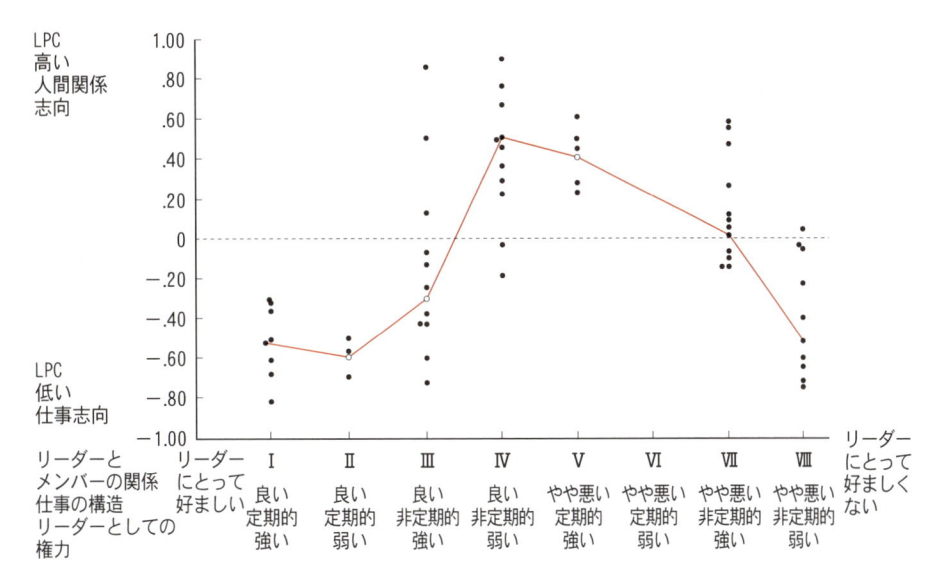

（グラフ：縦軸 LPC 高い 人間関係志向 / LPC 低い 仕事志向、横軸 Ⅰ～Ⅷ）

	Ⅰ	Ⅱ	Ⅲ	Ⅳ	Ⅴ	Ⅵ	Ⅶ	Ⅷ
リーダーとメンバーの関係	良い	良い	良い	良い	やや悪い	やや悪い	やや悪い	やや悪い
仕事の構造	定期的	定期的	非定期的	非定期的	定期的	定期的	非定期的	非定期的
リーダーとしての権力	強い	弱い	強い	弱い	強い	弱い	強い	弱い

左端：リーダーにとって好ましい　右端：リーダーにとって好ましくない

出所：F. E. フィードラー『新しい管理者像の探究』（山田雄一監訳）産業能率短期大学出版部、1970年、203頁。

〈Chapter 9〉

❼ ハウスのパス・ゴール理論

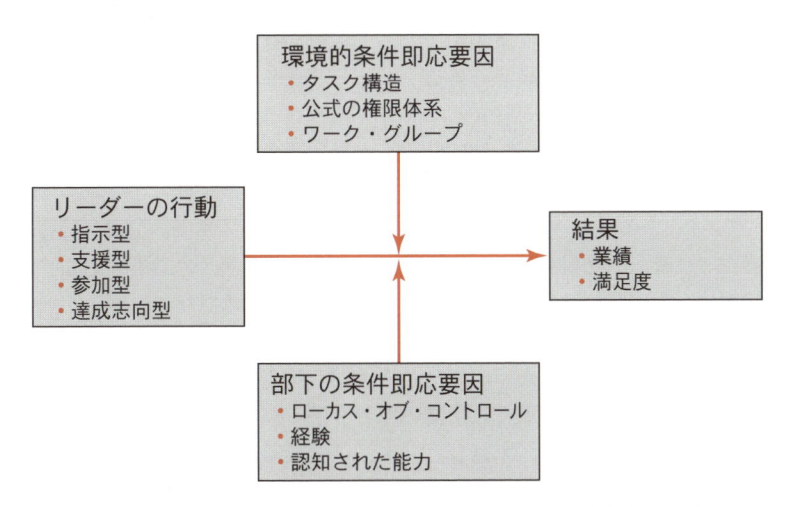

環境的条件即応要因
- タスク構造
- 公式の権限体系
- ワーク・グループ

リーダーの行動
- 指示型
- 支援型
- 参加型
- 達成志向型

結果
- 業績
- 満足度

部下の条件即応要因
- ローカス・オブ・コントロール
- 経験
- 認知された能力

出所：ステファン・P. ロビンス『組織行動のマネジメント』（髙木晴夫監訳）ダイヤモンド社、1997年、227頁。

グロッサリー
（用語解説）

Chapter 1

異動と移動
「人事異動」というように、「異動」とは同じ会社内で働く場所（部署）が変わることを意味している。一方、「労働移動」という場合のように、「移動」は他の会社への転職を意味している。

就業規則
使用者（企業や会社）が、事業場における労働条件の具体的な内容や従業員が守るべき服務規律などを定めた規則の総称。常時10人以上の従業員を雇う事業場では、使用者は就業規則を作成し、労働基準監督署に届ける義務がある。

昇進と昇格・昇級
「昇進」とは、「主任→係長→課長→部長」などの管理職の階梯を上がることを指している。昇格と昇級は、ともに資格等級で上位の資格に上がることを指している。職能資格制度の場合は「昇格」、職務等級制度では「昇級」であるが、「昇格」という言葉で両方の意味に使える。一般に、昇格・昇級すると「昇給」する。逆は、降格と降級で、降給する。

ゼネラリスト
複数の専門分野で、幅広い知識をもつ人材のこと。日本の企業は、長い間、社員に複数の部署を経験させ、将来的には管理職に就かせるというキャリア形成を行ってきた。こうした人材がゼネラリストである。ところが、現在、企業を取り巻く経営環境の変化のなかで、卓越した専門的知識・能力をもつスペシャリストやプロフェッショナルが要請されている。ゼネラリストには、スペシャリストやプロフェッショナルを管理するための総合的な判断力や知見がもとめられている。

産業別労働組合と企業別労働組合
「産業別労働組合」は鉄鋼業・電機産業・自動車産業など、産業別に組織された労働組合で、欧米諸国での典型的な組織形態である。ただし、ヨーロッパでは、労働組合と使用者団体との間で産業別・地域別に労働協約を締結する。一方、アメリカでは、事業所あるいは工場ごとに存在する労働組合の支部（local、ローカル）との間で労働協約を締結するのが一般的である。他方、「企業別労働組合」は、特定の企業またはその事業所ごとに組織された労働組合である。企業との癒着や企業利益を代表するという弱点もあるが、企業の生産性向上や技術革新への柔軟な対応が可能になるといった側面もある。

春闘
春季生活闘争・春季賃金闘争の略。「単産」（企業別労働組合が産業別に連合）の指導のもとで、企業別労働組合が産業別統一闘争として春の同時期に行う賃上げ交渉のこと。影響力の強い労働組合をパターン・セッターに、その成果を他の産業や他の企業別労働組合に適用するわが国独自の賃金決定方式である。

日本経団連
日本経済団体連合会の略。2002年に経済団体連合会（経団連）と日本経営者連盟（日経連）が統合して組織された。経団連は、1946年に東証第一部上場企業を中心に組織され、経済政策にたいする提言や種々の指針を発信してきた。日経連は、1948年に、労使関係の健全な発展を推進する目的で組織された。雇用問題、労使関係、社会保障、教育訓練、賃金や人事制度に関する調査・政策提言を行い、「財界労務部」の役割を果たしてきた。なお、日本経団連、経済同友会、日本商工会議所の3者をあわせて、「経済3団体」と呼ばれている。

Chapter 2

ソリューション・ビジネス（solution business）
問題解決型事業のこと。顧客企業が抱える経営課題にたいする解決策の提案をビジネスにしている。これまでのようなコンピュータなどハードウェアを中核とした情報システムの導入では、ビジネスの高度化や業務の複雑化の進展のもとで経営課題が解決できない。そのような状況を背景に、顧客企業の問題点や課題を分析し、その具体的な解決策を提案・提供するサー

グロッサリー（用語解説）

ビスがビジネスとして成立した。

イントラネット
社内版のインターネット。インターネット技術を企業内など限られた範囲で適用したもの。

フラット型組織
階層の少ない平ら（フラット）な組織のことで、情報の共有化を可能にする情報ネットワークシステムの普及が背景にある。組織の階層を少なくして、意思決定や情報伝達の迅速化・的確化を図ることを目的としている。その方法としては、「課」の廃止による階層の縮小、業務別グループの編成などがある。これにより人材の交流やコミュニケーションが促進される。

PDCA サイクル
P は Plan（計画を立てる）、D は Do（実行する）、C は Check（評価・検討する）、A は Action（改善策を講じる）のこと。この考え方を体系化したのは、品質管理で著名なデミング博士で、欧米ではデミング・サイクルとも呼ばれる。類語として PDS サイクルと PADSC サイクルがある。PDS の S は See（状況の把握）、PADSC は、Plan、Arrange（改善）、Do、See、Control（管理）である。

Chapter 3

派遣会社
労働者派遣法に基づき設立可能になった人材派遣会社のこと。労働者は派遣会社に雇用されて、そこから派遣先の事業所に出向き、そこでの指揮・命令のもとで働くことになる。雇い主は派遣会社であるが、使用者は派遣先である。

通年採用
一般的に新規学卒者は就職活動を終えた翌年度 4 月に一括採用されるのにたいして、一年間を通じて募集・採用の活動（試験・面接など）を行い随時に採用する制度のこと。雇用形態の多様化、労働市場の流動化のなかで普及している。

中途採用
年度初めの 4 月一括採用ではなくて、一定の職務経験のある人材を必要な時に必要な人数をそのつど採用する方式である。本人のもつ専門的な能力・知識・技能など即戦力となる能力の活用が目的である。近年の労働市場の流動化、労働移動の進展のなかで中途採用が増加している。

キャリア採用
職務経験のまったくない新卒ではなくて、他社や他部門において一定のキャリアを積んだ職務経験の豊かな人材を、特定の職種・職務にて即戦力として活用するために採用する方式のこと。即戦力型人材の確保が目的であり、必要な時点での中途採用となる。採用される側から言えば、それはヘッドハンティングであり、スピンアウトということになる。

コンピテンシー採用
コンピテンシーとは、高い業績をあげている者に共通する行動特性のことであるが、その優れた行動特性を類型化し、それを評価基準にして人材を採用すること。

間接差別
特定の性であることを理由にした差別を「直接差別」というが、それにたいして、ある条件を付すことにより（しかもその条件を付す合理的根拠がなく）、結果として特定の性が不利益をこうむるような差別のことを言う。たとえば、コース別雇用管理の「総合職コース」に、「本人の同意なく遠隔地転勤がある」という条件を付ければ、女性の置かれた職場環境・社会環境に照らして多くの女性は、その条件をクリアできず、結果として「一般職コース」を選択して不利益をこうむることになる。これはひとつの典型的な事例である。「間接差別」は、すでにイギリス、アメリカ、スウェーデンなどでは禁止されていたが、日本では近年の男女雇用機会均等法の改正で禁止された。

Chapter 4

マズロー（Maslow, A. H., 1908-1970）
個人の欲求の階層性に着目し最高次の自己実現欲求の充足による動機付けを重視して「欲求階層説」を唱えた。1908 年にニューヨーク市に生まれる。1930 年にウイスコンシン大学を卒業し、1934 年に同大学より博士号を取得した。その後、カーネギー特別研究員としてコロンビア大学で研究し、1938 年にブルックリン大学助教授、1951 年にブランデイス大学教授となり、その後、同大学心理学部長を勤めた。1962 年にア

グロッサリー（用語解説）

メリカ心理学会会長になった。主著として、『人間性の心理学』（1954年）がある。

ハーズバーグ (Herzberg, F. I., 1923-2000)

満足要因と不満足要因を識別した「動機づけ一衛生理論」の提唱者として有名。1923年生まれ。ニューヨーク市立大学卒業後、ピッツバーグ大学院にて心理学の博士号を取得。1957年にウエスタン・リザーブ大学の教授、のち心理学部長を務める。1972年にユタ大学教授。主著として、『作業動機の心理学』（1959年）、『仕事と人間性』（1966年）などがある。

マグレガー (McGregor, D., 1906-1964)

「X理論・Y理論」を提唱したことで有名。1906年にデトロイトで生まれる。1935年にハーバード大学大学院にて文学博士号を取得、その後、マサチューセッツ工科大学の教授、1948年にアンティオーク大学総長など歴任。主著として『企業の人間的側面』（1960年）がある。

アージリス (Argyris, C., 1923-)

「参加的従業員中心的リーダーシップ」「混合モデル」など組織行動論で有名。1923年生まれ。1949年にカンサス大学大学院にて経済学修士を取得、1951年にコーネル大学大学院にて組織行動論の博士号を取得、その後、エール大学労使関係研究所の教授を努め、ソルボンヌ、ロンドン、ケンブリッジなどでも教授を努めた。1972年以降はハーバード大学に移る。主著として『組織とパーソナリティー』（1957年）、『新しい管理社会の探求』（1964年）などがある。

自己実現欲求

自分の潜在的な能力を開発して新しく成長した自分を実現したいという欲求のこと。成長欲求とも呼ばれる。個人の自己実現や成長には際限がないので、この欲求は仮にひとたび充足されてもさらに高次の欲求が目覚めて際限がない。一般に、自己実現欲求の充足に動機付けられる人間のことを、自己実現人モデルと呼んでいる。現代社会において企業の人材マネジメントの施策・制度・対応の多数派は、自己実現人モデルを前提にしたものが主流である。

職務再設計

伝統的なマネジメントのもとでは他律人モデルを前提に働く人の職務の細分化・分業化・断片化・無内容化・単純化を追求したが、近代的なマネジメントのもとでは自律人モデルを前提にして職務の充実・拡大・拡張・交換を追及して自己実現欲求が充足できるように職務のあり方の再設計を追求した。「労働の人間化」「労働生活の質の向上」などの考え方の具体化である。

混合モデル

アージリスによれば、「組織目標の達成」と「個人動機の満足」を統合するには、組織と個人の双方がそれぞれに変化して折り合いをつけねばならず、その両者の変化のプロセスを「混合モデル」で示した。

Chapter 5

男女同一賃金法

同等の技能、努力、責任を必要とする職務にたいする賃金において、性の違いにもとづく賃金支払いにおける差別を禁止した法律。

公民権法

性別、人種、宗教、出身国にかかわりなく、市民としての個人の基本的な権利を平等に保護、実現するための法律。1964年に制定された同法の第7編「雇用機会の均等」では、雇用上の差別を禁じ、雇用機会均等委員会 (Equal Employment Opportunity Commission, EEOC) を設け、不正な雇用慣行・慣習を終わらせることを規定している。1991年には、性別、人種、宗教、出身国による詳細な雇用差別禁止が盛り込まれた。

雇用における年齢差別禁止法

雇用、職務保持 (job retention)、報酬・賃金、労働条件、そして雇用特権などの問題で、40～65歳の中年層にたいする差別を禁止した。

雇用機会均等法

職場での差別禁止の実効性を高めるために、公民権法の「雇用機会の均等」を修正した法律。同法は、雇用機会均等委員会 (EEOC) の紛争調整機能に加えて、連邦裁判所にたいし強制措置 (enforcement actions) に訴えることを認め、さらに法の適用範囲を15人以上の従業員を雇用する使用者に拡大した。

障がいをもつアメリカ人法

障がいにもとづく差別を完全に除去することを目的とした法律。とくに、雇用に関しては、職務の基本的な機能を遂行できるが、肉体的も

グロッサリー（用語解説）

しくは精神的な限界をもつ個人にたいする雇用慣行での差別を禁止し、障がいをもつ求職者や従業員にたいする「必要な配慮」を使用者にもとめている。

コーチ
「教え込む」のがティーチであるのにたいし、コーチは「引き出す」のである。ティーチが画一的であるのにたいして、コーチは多様である。つまりコーチは、一人ひとりの多様なニーズや性格にあわせて指導のパターンを変え、能力、やる気、自発性、責任感、アイディアなどを「引き出す」ことである。

メンター
メンターはメンタリング（mentoring）を行う人のことで、その相手はメンティ（mentee）とかプロテジェ（protégé）と呼ばれる。メンターがコーチと違う点は、メンティのロールモデルになりうる点である。メンターは、自己の経験に基づき、教え、アドバイス、サポート、叱責などをして、メンティが職場にうまくとけ込み、仕事になじみ、一人前の社員になるのを助ける。

男女共同参画社会基本法
1999年に施行。その第2条は、男女共同参画社会を「男女が、社会の対等な構成員として、自らの意思によって社会のあらゆる分野における活動に参画する機会が確保され、もって男女が均等に政治的、経済的、社会的及び文化的利益を享受することができ、かつ、共に責任を担うべき社会」と位置づけている。

ILO 100号条約
この条約は、同一価値労働にたいしては、男女による区別を行うことなく、同等の報酬を支払わなければならないと決めたもの。1951年の総会で採択され、日本は1967年に批准している。

ノーマライゼーション
障がい者を特別視したり、特別扱いするのではなく、健常者と同様の生活ができるように支援すること。具体例としては、階段の代わりにエスカレーターやエレベーターを付けた駅などがあげられるが、障がい者が一般の職場で健常者と一緒に働くことこそがノーマライゼーションである。

Chapter 6

個人と企業の関係
経営学では、この関係については生成期から問題にされてきた。パイオニアのひとりであるファヨール（H. Fayol）は、個人的な利害を全体的な利害（企業目標）に従属させることを主張し、個人よりも全体重視の考え方を示している。もっとも、近年においては、個人の立場を重視する考え方が台頭し、個人の目標と企業の目標を統合する考え方が主張されている。

和
かつての日本の企業の特徴として「和（Ｗａ、harmony）」があった。これは、職場における人間関係やチームワークに配慮する考えを示している。組織では意見の対立（コンフリクト）や感情のぶつかりあいが生じるものであるが、これをうまく処理しなければならない。もっとも、意見の対立を悪いものと考えず、建設的なものにし、新しいものを生みだす源泉にすべきであろう。

仕事上の無能
仕事の遂行能力が低下し、仕事ができないことをいう。仕事にかかわる変化がはげしい時代なので、仕事上の無能におちいるおそれがたえずある。また、現場の営業で売上高をあげる高業績の人間が、昇進して課長になったら、あまりうまく仕事ができないことも生じるが、これも仕事上の無能の事例である。

異質性の文化
日本企業の職場は、長い間、同質性の文化であったが、近年の雇用形態の多様化、職業意識の多様化などのなかで異質性の文化を含むものになってきた。このような文化になると、問題がおきたときの処理としては、あいまいにしたり、隠したりすることはせず、できるだけオープンにし、問題点をはっきりさせることが必要になる。

起業家
起業家の重要な特徴は、「コントロールの内的位置」、リスク・テイカー（リスクをおそれずに負担する人間）、達成欲求の強い人間などである。

FA制度

　企業の中のFA（フリーエージェント、Free Agent）制度は基本的に、野球界のそれと同じである。みずからの意思でグループ会社や希望部門への異動申請ができる制度である。アメリカでは、「インディペンデント・コントラクター（independent contractor）」ともいわれている。直訳すると、「独立請負人」という意味であり、企業に雇われずに、企業とは対等な関係に立ちつつ、企業から仕事を請け負う人間の意味である。また、フリーランス（freelance）という言葉もあり、これは自由契約で仕事をすることをさしている。

Chapter 7

バーナード（Barnard, C. I., 1886-1961）

　近代の組織科学の創始者。1886年マサチューセッツ州生まれ、1909年にハーバード大学を中退し、アメリカ電話電信会社（AT&T）に入社、1927年にニュージャージー・ベル電話会社の社長に就任、ロックフェラー財団理事長など公職を多数歴任した。主著として『経営者の役割』（1938年）がある。経営学分野において「バーナード革命」をもたらした、と言われる。

サイモン（Simon, H. A., 1916-2001）

　バーナードの研究を引き継ぎつつ、経営組織における意思決定プロセスの研究を深化させ、経営管理や行政管理の基礎理論の構築に貢献。1916年生まれ。主著として、のちにノーベル賞を受賞した『経営行動』（1945年）がある。1960年以降は、コンピューターによる意思決定プログラムの研究で、人工知能研究の先駆者となった。著作物は多数あり、その研究業績の影響は多分野におよび、かつ国際的である。

社会化した自己実現人

　自己を成長させることに動機づけられる人のことを一般に自己実現人と呼ぶが、企業社会の変貌の中で、これまでのように単に職業生活のなかで自己実現する「会社人間」ではなくて、職業生活・家庭生活・社会生活・自分生活という「4つの生活の並立・充実」に動機づけられる人間モデルが登場してきた。そのような広い生活舞台における自己実現に動機付けられる社会性のある人間のことを「社会化した自己実現人」という。

社会化した人材マネジメント

　「社会化した自己実現人」モデルを前提にして、働く人びとの「4つの生活の並立・充実」で動機づけ、組織貢献を獲得しようとする一連の人材マネジメントのことである。ワーク・ライフ・バランスの施策や取組みはその典型例であり、職業生活・家庭生活の両立支援策のみならず、さらに社会生活や自分生活との並立・充実のための施策である。「4つの生活の並立・充実」には、「職業生活時間の絶対的・相対的な短縮」と、「全ての生活舞台での男女共同参画」が不可欠であり、それらの三位一体が「社会化した人材マネジメント」の内容となる。

働く人の「自立性」

　「自立」とは、一般に「他の援助を受けずに自分の力で身を立てること」を言う（広辞苑）。近年になり、働く人の「自立性」が重視されるようになったのは、長期雇用・年功序列の慣行が崩壊し、労働移動の時代になり、経営者の側も「会社をアテにしないでくれ」「自分の人生は自分で切り開いてくれ」といい始め、働く人は自分の生き方・働き方を自己決定しなければならなくなったからである。かくして企業の諸制度も、個々人の価値観・職業意識に応じた勤務がしやすいものになり、また定年まで勤務しないことを前提に労働移動しやすいものに変化している。

　なお「自律」という意味は「自分で自分の行動を規制すること。外部からの制御から脱して自身の立てた規範に従って行動すること」（広辞苑）である。前記の「自立」には、「自律」が前提になることは言うまでもない。そのような行動をする人間を総称して、一般的に「自律人モデル」「自律型人材」「自治自立人」などと呼んでいる。

働く人の「多様性」

　「多様」とは、一般に「異なるものの多いさま」（広辞苑）である。近年になり、働く人の「多様性」が重視されるようになったのは、従来のような男性中心の長期雇用を前提にした画一的な集団主義的マネジメントが崩壊し、中短期雇用を前提にした柔軟な個人主義的マネジメントが普及したからである。かくして、男性ばか

りでなく女性の活用を、さらに若年者ばかりでなく中高年も、健常者ばかりでなく障がい者も、日本人ばかりでなく外国人も、というように多様な人材を積極的に雇用して組織貢献を獲得しようとしている。

このような「多様性」の重視は、一面では、少子高齢化のなかでの労働力不足に対応する側面もあるが、他面では、組織成員の多様な協働欲求を多様に充足しつつ、新しいビジネスチャンスを創出して組織目的の達成を追及する側面もある。これらは、ダイバシティー・マネジメントとも呼ばれる。一般に、民主主義社会の成熟は、異質なものの共存が前提であり、個人重視の思想の進化の反映でもある。

働く人の「社会性」

「社会性」とは、一般に「集団をつくって生活しようとする人間の根本性質」「社会全般に関連する性質」（広辞苑）である。近年になり、働く人の「社会性」が重視されるようになったのは、長期雇用を前提にした集団主義的マネジメントが崩壊し、中短期の雇用や労働移動を前提にした個人主義的なものに変化したからである。つまり働く人は、従来のように「会社人間」「仕事人間」として滅私奉公の狭い世界に生きるのではなく、自分の職業意識・価値観に応じた幅広い生き方・働き方を社会全般に求めるようになったからである。つまり職業生活のみに自己を燃焼させるのではなく、それ以外の私生活（家庭生活・社会生活・自分生活）との並立・充実を求め、幅広い社会集団の一員として生きることを求めるようになったからである。いま政府・労組・使用者の3者が合同で追求しているワーク・ライフ・バランスとは、その支援を意味している。

かくして、企業は社会的責任として人材マネジメントのあり方を「社会性」のおびたものに変化させ、たとえば従業員の育児・介護など家庭生活の支援から、地域社会の生活支援にいたるまで、幅広く生活支援をおこなっている（社会化した人材マネジメント）。他面において、働く個人の側も、視野が広く社会性に溢れる人間として生きることが期待されている（社会化した個人、社会化した自己実現人）。

育児・介護休業法

1991年に制定された「育児休業、介護休業等育児又は家族介護を行う労働者の福祉に関する法律」の略称。この法律により、育児や介護のための休業休職が労働者の権利であることがさらに明確になった。

在宅勤務

会社や事業所に出向くことなく自宅にて職務を遂行する勤務形態のことで、近年の情報ネットワークシステムの普及・進化が、それを可能にしている。通勤時間の節約となり、家事・育児など家庭生活との両立ができるというメリットもあるが、上司や同僚とのコミュニケーション不足、孤立感・孤独感などのデメリットもある。近年、パナソニック社が大規模に取組み注目されている。

テレワーク

本来の仕事場とは離れた場所においてパソコンの通信回線を利用して職務遂行する働き方のことで、近年の情報ネットワークシステムの大規模な普及・進化が、その背景にある。在宅勤務も、そのひとつの形態である。SOHO（スモールオフィス・ホームオフィス）として種々の請負業務を遂行する働き方もその事例であろう。

Chapter 8

ピラミッド型組織と逆ピラミッド型組織

ピラミッド型組織とは、ピラミッドのような三角形の頂点にいるトップマネジメントが底辺の現場労働者に至るまで専制的一方的にトップダウンで命令を下す軍隊型組織のことを言う。逆ピラミッド型組織とは、あたかも三角形をひっくり返すように、底辺にいた現場労働者をむしろ主役と位置づけて、トップや中間管理職はサポート役・コーチ役に徹するという組織のことである。前者は他律人モデルを前提にしたX理論の組織、後者は自律人モデルを前提にしたY理論の組織とも言える。現代の企業社会において、自律人・自己実現人の増加、情報ネットワークの進化のなかで後者の組織モデルが増えつつある。

他律人モデル

他者の指示・命令・監督がなければ働くことの出来ない人間モデルのことで、自律人モデル

とは対極の概念である。古典的な管理論では、職務の単純化・分業化・無内容化を追求し、現場の労働者の自律的な判断・意思決定を極力排除したので他律人モデルが再生産された。この人間モデルは大規模大量生産をトップダウン組織で行う際に不可欠とされた。

資質論と特性論

古典的な議論においては、効果的なリーダーシップはリーダーのもつ個人的な資質や特性、たとえば「押しが強い」「決断力がある」「誠実である」などに依拠するという。このような議論は、他律人モデルを前提にした専制的ピラミッド型組織のなかで、トップダウンの指示・命令・監督が良いとされる時代の歴史的産物である。今日では効果的なリーダーシップは「組織と個人」の調整の問題として議論されている。

集団力学（グループ・ダイナミックス）

集団と個人の間に作用する力学的な法則性を把握しようとする科学。レヴィンを中心とするグループが1930年代に確立した。多くのアクションリサーチにより、集団の形成と発達、集団の凝集性、斉一性への圧力、集団規範、集団構造、リーダーシップ、集団意思決定などの研究が行われた。

Chapter 9

フィードラー（Fiedler, F. E., 1922-）

オーストラリア生まれ。シカゴ大学助手、イリノイ大学教授、ワシントン大学の教授を歴任。彼の業績とその邦訳は以下のとおりである。*A Theory of Leadership Effectiveness*, McGraw-Hill, 1967. 山田雄一監訳『新しい管理者像の探求』産業能率大学出版部、1970年。

ハーシィー（Hersey, P., 1930-）

カリフォルニア・アメリカン大学大学院教授。リーダーシップ研究センターの創設者。彼の業績とその邦訳は以下のとおりである。*Management of Organizational Behavior*, Prentice Hall, 1996. 山本成二・山本あずさ訳『入門から応用へ 行動科学の展開〔新版〕』生産性本部、2000年。

ハウス（House, R. J., 1932-）

1988年よりペンシルヴェニア大学ウォートン校教授。"Leadership Quarterly"誌の編集責任者。彼のパス - ゴール理論に関する代表的な業績は以下のとおりである。"A Path-Goal Theory of Leader Effectiveness," *Administrative Science Quarterly*, Sep. 1971, pp. 321-338.

Chapter 10

座学

文字どおり、イスに座って学習することであり、教場（教室）で行われる学習である。学校教育でも外に出て、いろいろ見聞きする体験学習も当然行われている。座学は大切であるが、体験や経験によって得られる学習（フィールドワーク）も、その意味は大きい。そこで、双方のバランスをとることが肝要となる。

中小企業経営者の能力開発

中小企業の後継者の場合、かつては同業他社や大手の取引企業などでの勤務のあと、自社にもどり、現経営者の仕事ぶりをみながら能力開発を行ってきた。しかし現在では、ビジネス・スクール（経営大学院）や中小企業大学校など、OFF-JTによる能力開発も広く行われている。

スペシャリスト

ある特定の仕事分野に精通している人びとをスペシャリストという。これにたいして、ゼネラリスト（Chapter 1参照）は、複雑な状況を全体的に観察・分析でき、視野の広いものの見方や考え方ができる人びとのことをいう。この言葉に関連して、近年、"プロ（フェッショナル）"も使用されている。

雇用リストラ

バブル経済崩壊後の企業による大規模な人材削減は「リストラ」といわれてきた。もっとも、本来的に「リストラ」とはリストラクチャリングであり、事業再構築・構造改革を意味している。企業が環境の変化にたいしてその構造（製品の構造や組織の構造など）を大胆に変える試みをさしており、わが国で言われてきた大規模な人材削減を意味してはいない。本来的なリストラと区別するために、雇用リストラとしている。

若者の早期離職

就職難のなかでせっかく入社しても、はやばやと退職・離職する若者が増えている現象をさしている。これに関連して、「第2新卒」という

グロッサリー（用語解説）

言葉も使われている。早期離職のために、経験やスキルが身についていないので、企業側として能力開発をやり直さなければならないという。

陳腐化

自分のもっている知識やスキルが古くなって使用できなくなる現象をさしている。それは「仕事上の無能」になることである。技術の進歩のはげしい状況で仕事をしている技術者だけでなく、現場のワーカーやマネジャーなどでも発生する。

メンタル・ヘルス

身体をこわさず病気にならないことをフィジカル・ヘルス（肉体の健康）というのにたいして、「心の健康」がメンタル・ヘルスである。たとえば、うつ病は"心のカゼ"といわれているが、これにかかるビジネスパーソンが増加している。過重な仕事の負担、人間関係のあつれき、パワー・ハラスメント、きびしい人事制度などで心の病になることが多くなっている。

Chapter 11

キャリア

キャリアという言葉は、多様に使われてきた。たとえば、国家公務員のキャリア組とは、幹部候補のキャリア・パスが用意されている人びとであり、キャリア・ウーマンは、仕事のできる女性を意味していた。あるいは、「あの人はこの分野ではキャリアをもっていますよ」という場合は、業績とか実績を意味している。

キャリア開発

キャリアには、過去だけでなく、現在から将来につながる意味もあり、自分にとって大切な「一生の仕事」をさがしもとめ、それを育てていくとか、「訓練・技術を必要とする職業」の場合には自分を積極的にみがいていくという姿勢や態度をもつことが必要となる。このような活動を将来に向けて行ったり、姿勢を維持することをキャリア開発という。キャリア開発とほぼ同意味のものとして、キャリアデザイン（キャリア設計）やキャリアプラン（あるいはキャリアプランニング）も使われているが、それらはこのようなキャリア開発に主体的にとり組むことを示すものと考えられる。

退職準備教育

"Pre-Retirement Program（PREP）"などともいわれ、仕事中心に生きてきた人びとが定年退職したあと、家庭生活や地域社会のなかで、うまく生活できるようにするための教育である。企業側だけでなく、労働組合もこの教育を行ってきた。

転職のイメージ

わが国では、長い間、終身雇用やひとつの仕事に生涯をかけることが重視されてきたので、転職には悪いイメージがつきまとっていた。しかし、現在では労働移動がすすんで必ずしも悪いとはいえなくなっている。かつては仕事をひんぱんに変える人は、"落着きのない人"、"仕事ができない人"、"いつも新人さん"などといわれ、評価はよくなかった。アメリカでは"job hopping"、"job hopper"という言葉が使われている。

Chapter 12

コンピテンシー（competency）

高い業績を継続的に生み出す行動特性のこと。本来の意味は、計測可能な知識や技能と異なり、計測困難な理解力・判断力・説得力などの精神的な能力のこと。たとえば、野球の盗塁を例に考えてみよう。盗塁には足が速いという肉体的な能力（ストップウォッチで計測可能）に加えて、判断力・決断力・状況認識力などの精神的な能力も必要である。後者がコンピテンシーである。

ドラッカー（Drucker, P. F., 1909-2005）

オーストリアのウィーン生まれ。父は経済省の高級官僚でウィーン大学教授、母は銀行家の娘で医学を専攻した。22歳でフランクフルト大学の国際法・国際関係論の博士号を取得。30歳でファシズムを批判した処女作『経済人の終わり』、36歳の折にはGMをモデルとした『会社という概念』を執筆した。1950年にニューヨーク大学大学院の経営学教授に着任し、54年には『現代の経営』を発表。その後も旺盛な著述活動を展開し、それは上田惇生訳『ドラッカー名著集』（ダイヤモンド社）に集約されている。ドラッカーは、戦後のわが国経営者や経営学者に多大な影響を与え、彼を敬慕する企業家も多い。

最近では、『マネジメント』に触発された岩崎夏海氏の『もし高校野球の女子マネージャーがドラッカーの「マネジメント」を読んだら』(ダイヤモンド社)がベストセラーとなった。

アカウンタビリティ（accountability）

一般的には政治の世界などで使う「説明責任」のことであるが、ビジネスの世界では「成果責任」を意味する。よく似た言葉にコミットメント（commitment）がある。これは、「自分の言ったことを行動に移し、結果を出すこと」を意味する。

Chapter 13

出来高給

給与の支払いを働いた時間ではなく、仕上げた製品の数や量で決定される給与の支払形態のこと。労基法では、出来高給で支払う場合、一定額を保障することを使用者に義務づけている。

歩合給

営業職や販売職向きの給与形態。売上高、販売数量や契約高・件数などに直接比例させて支給する給与のこと。業績給の一種。

生活給

生活費を基準に決まる給与制度で、年齢や家族構成が重要な決定要因となる。

年齢給

年齢によって決まる給与。日本独特の給与制度である。

職務給

職務の難易度や責任の重さなどを評価して職務の価値を決め、その職務価値を等級化した職務等級に応じて支払う給与。仕事にたいして払う給与で、同じ価値の職務ならば誰が行おうとも同じ給与となる。

職能給

従業員個々人の保有能力の内容や程度、つまり職務遂行能力（職能）の段階区分である職能資格等級に応じて支払う給与。この保有能力には発揮能力と潜在能力が含まれる。職能資格等級で基本給が決定されるため、職務が変わったとしても給与を変更する必要がなく、柔軟な配置転換が可能となる。また、課長や部長といった肩書きと給与を切り離したことで、役職に就けない社員のモラールダウンを防止する効果もある。ただ、職能給は人にたいする給与であるため、職能資格制度の運用によって年功的色彩が強まる側面を強くもっていた。

成果給

日本経団連の『成果主義時代の賃金システムのあり方』（2002年）によると、「成し遂げた結果（成果）にたいして支払う」給与で、成果として表れる企業業績への貢献度にもとづいて処遇を決定する給与制度。職能給が潜在能力を評価するのにたいし、成果給の場合は、顕在能力を評価する。

業績給

目標の達成度や実績にたいする評価に基づいて支給する給与のこと。実績にたいする何らかの評価を通して業績を給与に間接的に反映させる形態も含めた、業績連動型の給与形態の総称である。

固定費と変動費

給与は、これまで終身雇用・年功序列の慣行のなかでは、年功とともに上がることはあっても下がることはめったになかった。その意味では、「固定費」に近かった。ところが、成果主義あるいは業績主義のもと、給与が下がる場合も出てくる。これが給与の「変動費」化である。

役割給

職務にもとめられる職責や権限のレベルに応じて設定された役割等級に応じて決定される給与。職務給の一種で、職責給とも呼ばれる。

理論生計費

実際の家計支出に基づいて算定される実態生計費にたいし、家計に必要な消費量を労働科学や生活科学などから規定し、それを適正価格を用いて算定した生活費。

洗い替え方式

当該期間の人事考課の結果を処遇に反映させる方式。つまり、実績を期間ごとに精算する方式で、過去の実績や評価は白紙に戻され、積みあげられることはない。

さらに深く学ぶために

　以下では、人材マネジメントをさらに深く学ぶ手がかりとなる本をあげます。いずれも2000年以降に発行された新しい本のなかから、入手しやすく、手ごろな値段のものばかりです。比較的やさしく書かれているもの（レベルA）、それらよりはやや高度なもの（レベルB）という2種類に分類しています。

　読者の皆さんにとって読みやすい本とそうでないものがあります。以下のリストを参考にして、実際に図書館や書店で手にとって、自分のレベルにあったものを選んでください。

レベルA（著者50音順）

1. 伊藤健市『よくわかる　現代の労務管理』ミネルヴァ書房、2006年
2. 岩出　博『新・これからの人事労務』泉文堂、2009年
3. 奥林康司・上林憲雄・平野光俊編著『入門人的資源管理［第2版］』中央経済社、2010年
4. 齊藤毅憲責任監修、菊地達昭・合谷美江編著『キャリア開発論』文眞堂、2007年
5. 佐野陽子『はじめての人的資源マネジメント』有斐閣、2007年
6. 鈴木　滋『エッセンス　人事労務管理』税務経理協会、2002年
7. 澤田　幹・平澤克彦・守屋貴司編著『明日を生きる人的資源管理入門』ミネルヴァ書房、2009年
8. 白木三秀・梅澤　隆編著『人的資源管理の基本』文眞堂、2010年
9. 西川清之『人的資源管理論の基礎』学文社、2010年
10. 平野文彦・幸田浩文編『人的資源管理』学文社、2010年
11. 守島基博『人材マネジメント入門』日経文庫、2004年
12. 渡辺　峻『「組織と個人」のマネジメント―新しい働き方・働かせ方の探究』中央経済社、2007年

レベルB（著者50音順）

1. 伊藤健市・中川誠士・堀　龍二編著『アメリカの経営・日本の経営』ミネルヴァ書房、2010年
2. 太田　肇『日本的人事管理理論―組織と個人の新しい関係』中央経済社、2008年
3. 黒田兼一・守屋貴司・今村寛治編著『人間らしい「働き方」・「働かせ方」』ミネルヴァ書房、2009年
4. 齊藤毅憲・野村千佳子・合谷美江・藤﨑晴彦・宇田　理『個を尊重するマネジメント』中央経済社、2002年
5. 佐藤博樹編著『人事マネジメント』ミネルヴァ書房、2009年
6. 山本　寛『人材定着のマネジメント』中央経済社、2009年
7. 八代充史『人的資源管理論：理論と制度』中央経済社、2009年
8. 平野光俊『日本型人事管理』中央経済社、2006年
9. 渡辺　峻『ワーク・ライフ・バランスの経営学―社会化した自己実現人と社会化した人材マネジメント』中央経済社、2009年

辞典（著者50音順）

1. 中條　毅責任編集『人事労務管理用語辞典』ミネルヴァ書房、2007年
2. 日経連事務局『人事労務用語辞典（第6版）』日経連出版部、2001年
3. 山岸俊正『人事労務管理辞典』丸善プラネット、2008年
4. 吉田和夫・大橋昭一監修『最新基本経営学用語辞典』同文舘出版、2010年
5. 片岡信之・齊藤毅憲・佐々木恒男・高橋由明・渡辺　峻『ベーシック経営学辞典』中央経済社、2004年

● なお、本文中で理解しにくい用語については、これらの辞典や最新の用語辞典で確認してください。

索 引

欧文略語

ERG 理論　36
FA 制度　60, 150
HR（人間関係）技法　66
ILO 100 号条約　149
IT 化　14
LPC　88
M 字型　47
OFF-JT　100
OJT　100
PDCA サイクル　147
QC サークル　59
WLB　67
X 理論　38
Y 理論　38

あ

アイオワ実験　79
アカウンタビリティ　126, 154
アージリス（Argyris, C.）　39, 148
アメとムチの管理　38
洗い替え方式　154
アルダーファー　36
アルバイト　6
安全欲求　35
育児・介護休業法　48, 68, 151
育児休暇休業制度　68
育成型（人事評価の）　121, 124
異質性　58
異質性の文化　149
一般職　48, 60
一般職コース　27
異動と移動　146
委任的リーダーシップ　90
インターンシップ　114
イントラネット　147
請負企業労働者　6

衛生要因　37
エリア総合職コース　27
エンプロイヤビリティ　16

か

会社人間　67
改正高齢者雇用安定法　49
階層別の能力開発　99, 101
学習する社会　13
学歴別初任給　132
加点主義（人事評価の）　121
関係欲求　36
間接雇用　6
間接差別　28, 147
期間社員　6
起業家　149
企業組織　55
企業内託児所　68
企業の社会的責任　50
企業別労働組合　4
期待能力　124
逆ピラミッド型の民主的組織　78
キャリア　109, 153
キャリア・アンカー　112
キャリア・ゴール　111
キャリア・ステージ　112
キャリア・デザイン　25
キャリア・パス　110, 111
キャリア・パターン　111
キャリア・ビジョン　112
キャリア・プラトー　113
キャリア・モデル　48
キャリア採用　23, 147
キャリア開発　109, 110, 153
教示的リーダーシップ　90
教育訓練　99
教育と生涯学習　13
業績給　154
業績評価　122
勤務地変更制度　48
グループ・ダイナミックス　78, 146
グローバル競争　50
経営者の能力開発　101
『経営のグローバル化に対応した日本型人事システムの革新』　134
経済人・機械人・他律人モデル　65

契約社員　6
ケルン憲章　13
減点主義（人事評価の）　121
後期キャリア　113
工業化社会　14
高業績者（ハイ・パフォーマー）　122
行動科学　78
行動能力　15
行動能力評価　122, 125
行動力　18
高度専門能力活用型グループ　5
公民権法　148
志と心　18
個人と企業の関係　149
コース別雇用管理　60
コーチ　47, 149
コーチング　59
固定費と変動費　154
雇用形態の多様化　23
雇用機会均等法　148
雇用柔軟型グループ　5
雇用における年齢差別禁止法　148
雇用ポートフォリオ　4
雇用リストラ　103, 152
混合モデル　40, 148
コンセプチュアル・スキル　122
コントロールの内的位置　58
コンピテンシー　122, 153
コンピテンシー採用　147
コンプライアンス　50

さ

再雇用制度　48, 49
在宅勤務　8, 69, 151
サイモン（Simon, H. A.）　66, 150
裁量労働制　60
座学　152
査定型（人事評価の）　121, 124
参加的リーダーシップ　90
産業別労働組合　4
産業別労働組合と企業別労働組合　146
三種の神器　3
360 度評価（多面評価）　121, 123,

索　引

126
支援的行動　90
資格取得　60
自我欲求　35
自己啓発　100
自己実現休暇制度　70
自己実現欲求　36, 148
自己申告制　60
仕事基準　125
仕事給　131
仕事主義　56
仕事上の無能　149
資質論　77
資質論と特性論　152
指示的行動　90
システム4　81
シャイン（Schein, E. H.）　112
社会化した自己実現人　150
「社会化した自己実現人」モデル　67
社会化した人材マネジメント　67, 150
社会人基礎力　15
社会的欲求　35
若年者就職基礎能力　17
社内公募制　60
従業員志向型リーダーシップ　81
就業規則　146
習熟給　136
就職基礎能力　17
終身雇用　3
集団主義　56, 58, 110
集団力学（グループ・ダイナミックス）　78, 152
社会人・集団人モデル　66
出世競争　133
春闘　4, 146
情意評価　122
障がいをもつアメリカ人法　148
昇進と昇格・昇級　146
少数派　45
賞与　125, 131
常用雇用型（派遣労働者の）　7
初期キャリア　112
職種　24
職制転向制度　48

職責　125
職能給　134, 154
職能給の限界　134
職能資格制度　124
職務給　136, 154
職務再設計　148
職務等級制度　125
職務（役割）等級制度　136
所定外給与　131
所定内給与　131
ジョブ・ローテーション（配置転換、人事異動）　102, 110
職務充実　38
自立性　55, 57
自律的なキャリア志向　103
自律的なキャリア形成　111
自律的な人材　15
自律人・自己実現人モデル　66
人権問題　102
人材アセスメント　121, 123
人事異動　3
人事考課　121
『新時代の「日本的経営」』　4, 134, 136
人事評価　121
人事評価の目的　121
スペシャリスト（専門家）　46, 102, 152
成果給　154
成果主義　135
成果主義人事　57
生活給　154
生活のサポーター　55
生存欲求　36
成長欲求　36
性別役割分業　67
生理的欲求　35
絶対評価　123
説得的リーダーシップ　90
ゼネラリスト　46, 102, 146
潜在能力　135
専任職　46
専門職　46, 60
専門職コース　27
総額人件費　131
総合職　46, 60

総合職コース　27
相対評価　123
属人給　131
組織行動論　78
卒業方式　124
ソフトスキル　17
ソリューション・ビジネス　146

た

退職準備教育　110, 153
第二新卒　23
ダイバーシティ　45, 50
ダイバーシティ・マネジメント　45, 46
タスク志向型リーダー　88
タスク志向型リーダーシップ　89
多立型　135
多立型の給与　136
他律人モデル　151
男女共同参画社会基本法　48, 149
男女共同参画社会　67
男女雇用機会均等法　5, 46
男女同一賃金法　148
知識社会　14
中期キャリア　112
中小企業経営者の能力開発　152
中途採用　23, 147
長期蓄積能力活用型グループ　5
直接雇用　6
知力　18
陳腐化　104, 153
通年採用　23, 147
定期昇給（制度）　3, 132
定型的職務　135, 136
テイラー（Taylor, F. W.）　66
出来高給　154
テクニカル・スキル　122
テーマ（課題）別の能力開発　99, 102
出る杭は打たれる　58
テレワーク　8, 69, 151
電産型賃金　132
転職のイメージ　153
同一価値労働同一賃金　48
動機づけ要因　37
統合と自己統制による管理　39

索　引

登録型（派遣労働者の）　6
特性論　77
ドラッカー（Drucker, P. F.）　126, 153

な

ナレッジ・ワーカー　15
日本型雇用システム　3, 122
日本経団連　45, 146
入学方式　124
人間関係志向型リーダー　88
人間関係志向型リーダーシップ　89
人間の行動　15
ネガティブリスト　7
ネットワーク型組織　77
年功給　132, 133, 134
年功主義　4, 122, 132
年功主義管理　132
年功序列　3
年功的資格制度　123, 124
年功賃金　3
年齢給　154
能率　65
能力開発　99
能力主義　4, 133
能力主義管理　133
能力評価　122
ノーマライゼーション　49, 149

は

ハウス（House, R. J.）　91, 152
派遣会社　147
派遣切り　7
派遣労働者　6
ハーシィー（Hersey, P.）　89, 152
パス・ゴール（path-goal）理論　91
ハーズバーグ（Herzberg, F. I.）　37, 148
働く人の「自立性」　150
働く人の「多様性」　150
働く人の「社会性」　151
発揮能力　124, 135
ハードスキル　17
パートタイマー　6

パートタイム労働法　6
バーナード（Barnard, C. I.）　66, 150
パワーハラスメント　87
非定型的職務　135, 136
人（ヒト）基準　125
ヒューマン・スキル　101, 122
評価（考課）者訓練　123
評価面談　126
ピラミッド型組織と逆ピラミッド型組織　151
ピラミッド型の軍隊的専制組織　77
歩合給　154
フィードバック　121, 123
フィードラー（Fiedler, F. E.）　88, 152
不満足要因　37
部門　24
部門別職種別の能力開発　99, 102
フラット型組織　147
ブランチャード（Blanchard, K. H.）　89
プレキャリア　114
フレックスタイム制　8
プロフェッショナル　46
ベース・アップ　132
変形労働時間制　8
法定外福利費　131
法定雇用率　49, 50
法定福利費　131
ホーウッド調査　80
ポジティブリスト　7
ボランティア休暇（休業・休職）制度　68
本人参画型　124

ま

マイノリティ　45
マグレガー（McGregor, D.）　38, 126, 148
マズロー（Maslow, A. H.）　35, 147
満足要因　37
みなし労働時間制　8
民主的リーダーシップ　79
メイヨー（Mayo, G. E.）　66

メンター　47, 59, 149
メンタル・ヘルス（心の健康）　104, 153
目標管理　59, 122, 125, 126
モチベーション　121
モチベーション論　35

や

役割価値　125
役割給　154
役割等級制度　125
雇い止め　7
有効性　65
欲求の階層性　35
欲求論　35
４つの生活の並立・充実　67

ら

ライフ　109
ライフ・プラン　110
リーダーシップのコンティンジェンシー理論　88
リッカート（Likert, R.）　81
リフレッシュ休暇制度　69
流動性　13
理論生計費　132, 154
レヴィン　78
レスリスバーガー（Roethlisberger, F. J.）　66
レディネス　91
労働市場の流動化　23
労働者派遣法　6
ロール・モデル　48

わ

和　57, 149
若者の早期離職　103, 152
ワーク・ライフ・バランス　67

著者紹介
(あいうえお順)

伊藤　健市（いとう　けんいち）
　　関西大学教授、経営学博士
　　　Chapter 1、2、5、9、12、13担当

齊藤　毅憲（さいとう　たけのり）
　　関東学院大学教授
　　横浜市立大学名誉教授、商学博士
　　　Chapter 6、10、11担当

渡辺　峻（わたなべ　たかし）
　　京都文教大学教授
　　立命館大学名誉教授、経営学博士
　　　Chapter 3、4、7、8、9担当

セメスターテキストシリーズ ② 　　　　　　　　　　　　　文眞堂ブックス
はじめて学ぶ人のための人材マネジメント論入門

2010年10月1日　第1版第1刷発行　　　　　　　　　　　検印省略

著　者　　　伊　藤　健　市
　　　　　　齊　藤　毅　憲
　　　　　　渡　辺　　　峻

発行者　　　前　野　　　弘
　　　　　　東京都新宿区早稲田鶴巻町533

発行所　　株式会社　文　眞　堂
　　　　　　電話　０３（３２０２）８４８０
　　　　　　FAX　０３（３２０３）２６３８
　　　　　　URL.http://www.bunshin-do.co.jp
　　　　　　〒162-0041　振替00120-2-96437

組版／印刷・モリモト印刷／製本・イマヰ製本所
© 2010
定価は表紙裏に表示してあります
ISBN978-4-8309-4688-2　C3034